自治体間格差の経済分析

Disparity between municipalities for Economic Analysis

齊藤由里恵 著
Yurie Saitoh

関西学院大学出版会

自治体間格差の経済分析

はしがき

　近年、「自治体間格差」に注目が集まっている。しかしながら、自治体間格差といっても、様々な側面がある。たとえば、税収格差、歳出格差、人口規模の格差等があげられるだろう。

　さらに、地方自治体の背景ともいえる社会経済が、大きく変動していることを忘れてはならない。すなわち、人口減少、少子高齢化の動向である。これらは、自治体間格差とどのように関係があるのだろうか。

　自治体間格差が存在する場合、住んでいる地域により公共サービスにおける住民負担に差が生じ、もしくは、公共サービスの質に影響を与えるかもしれない。そのため、現状では自治体間格差の是正機能として地方交付税交付金がある。三位一体の改革を経て、地方交付税交付金はどのように機能しているのだろうか。

　また、地方自治体に住む人の間の格差として所得格差がある。その格差是正として、所得再分配の一つである生活保護制度がある。

　格差は相対的な指標であり、格差の大小はあるとしていつの時代にも存在するものである。それであるにもかかわらず、なぜ近年になり、自治体間格差が頻繁に叫ばれるようになったのであろうか。一般的に、自治体間格差の拡大の要因に、三位一体の改革があげられることがあるが、その検証が必要ではないか。

　近年の地方自治体は、市町村合併という変動の時代を過ごした。そして、2005年より人口減少時代へ突入したことが明らかとなった。地方自治体を取り巻く環境の変化は、地方財政にどのような影響を与えたのであろうか。本書は、平成の市町村合併、人口減少や少子高齢化に見る人口構成の変化が自治体間格差に与えた影響についても分析する。

　本書と関係する既存研究は、自治体間格差や所得格差、経済格差などの実証分析である。これまで、既存研究においても、さまざまな視点から格差の検証はされている。しかしながら、既存研究は相当過去に分析されたもので

あったり、また分析対象が限られているなど、現状を知る上で不備な点が多い。また、市町村合併や少子高齢化などは当然のことながら想定されておらず、現状における自治体間格差を知ることはできない。そのため、本書では新たな視点も加え、現状を反映した自治体間格差の分析をする。

本書は、以上の問題意識から、地方財政を分析対象とし、自治体間格差の現状を明らかにした。さらには格差是正がどのように機能しているかについて経済分析を行うことを目的としている。分析手法としては、主に数量分析を採用している。その理由として、格差という相対的指標を表すものを明らかにするためには、数量分析による定量的な分析結果が、政策運営に対してインパクトを与えると考えられるからである。

本書は、7つの章より構成される。第1章、第2章においては自治体間格差についてその格差の実態を明らかにする。第3章、第4章では自治体格差の是正機能である地方交付税交付金のもつ財源調整機能、財源保障機能を分析する。第5章、第6章では、住民の格差について、その是正機能である生活保護について分析する。最後に、第7章では地方財政の債務返済可能性を検討する。

以下では、各章を簡単に説明する。

第1章では、歳入面である地方税収の自治体間格差を分析する。第2章では、歳出における格差を検討する。ここでは、歳出規模の適正化の観点から、歳出が最小となる人口規模を探り、人口規模と歳出の関係を分析する。

第3章と第4章においては、自治体間格差の是正措置である地方交付税交付金を考察する。第3章では、自治体間格差是正のための財政調整がどのように機能しているのか、キング尺度とタイル尺度といった不平等度尺度をもちいて分析する。第4章では、標準的な行政サービスを提供するための必要経費とされる基準財政需要額が、本来の目的を果たしているのか、実際の歳出決算額と比較して考察する。

第5章では、少子高齢化が地方財政の生活保護費に与える影響を考察する。

第6章では、自立の助長という役割から生活保護制度に着目し、生活保護制度と所得税住民税制における限界税率の測定をする。また、低所得世帯の就労支援の立場から、負の所得税に注目が集まっているため、負の所得税を

適用して導入費用を推計する。

　最後に、第7章では、地方財政の状況を把握するため、ストックとフローに着目し、地方自治体の債務返済可能性について検証する。

　本書では、自治体間格差の検証をするため、全7章を通じ、これまで曖昧であった、格差や格差拡大の実態を明らかにし、また少子高齢化などの社会変動を踏まえた今後の自治体間格差の動向を示していきたい。

　本書は東洋大学大学院経済学研究科へ提出した学位論文『自治体間格差の経済分析』（2009年3月25日、東洋大学大学院経済学研究科学位取得）を加筆修正したものである。学位論文を審査していただいた、松原聡先生、上村敏之先生、八巻節夫先生、益田安良先生に感謝申し上げる。

　本書の作成にあたり、多くの方々のご指導とご協力を頂いた。松原聡先生（東洋大学）には、学部ゼミよりご指導いただき、大学院への進学を勧めていただいた。研究に対する姿勢はもちろんのこと、問題意識の設定、それを研究へと発展させていく論理展開など、多くのことを松原先生から学ばせていただいた。これまで暖かく、時には厳しくご指導いただいたことで、研究を続けることができた。

　上村敏之先生（関西学院大学）には、博士前期課程より関西学院大学へ移られた後にいたってもご指導いただいた。研究の手法、論文の書き方など手取り足取りご指導いただいた。実証分析やシミュレーション分析といった手法を学ばせていただいたことが、今の研究につながっている。また、本書の一部は、上村先生との共著論文を加筆修正したものである。上村先生には、共著論文を本書の一部として出版することを快諾いただいた。

　八巻節夫先生（東洋大学）には、財政学の理論や論文の構成など多岐にわたってご指導いただいた。また、東洋大学大学院経済学研究科の先生方のご指導や各授業が、本書における経済学理論の基礎となっている。

　本書を構成する原論文のほとんどは、日本財政学会、日本地方財政学会、国際公共経済学会などの学会において報告させていただいたものである。討論者をお引き受けくださった先生方には、学会や学会報告後において貴重なコメントを頂いた。また、座長の先生をはじめ、フロアーにて質問を頂いた先生方からも大変有益なコメントを頂いた。そして、学会誌への掲載にあ

たっては、レフェリーの先生方から適切なコメントを頂戴し、論文のクオリティーを改善することができた。多くの先生方に、心より感謝申しあげる。

そして、本書の執筆には、多くの先輩方、学友にアドバイスや論文のチェックなどご協力を頂いた。ここに記して、御礼申し上げる。

最後に、これまで生活、研究活動ともに応援してくれたのは、父、母、姉の家族である。家族の笑顔と励ましが、私の心の支えであった。心から感謝したい。

目　次

はしがき 3

第1章　地方税収の自治体間格差 9

　　1　はじめに
　　2　既存研究と本章
　　3　分析方法とデータ
　　4　地方税収のタイル尺度における分析結果
　　5　むすび
　　資料　2001年度における地方税のタイル尺度の寄与度分解の分析結果

第2章　人口規模による自治体間の歳出格差 31

　　1　はじめに
　　2　基礎的自治体の規模と行政
　　3　一部事務組合と広域連合の現状と問題点
　　4　基礎的自治体の適正規模と歳出格差
　　5　むすび

第3章　自治体間の住民負担格差と財政調整 49

　　1　はじめに
　　2　既存研究と本章
　　3　分析手法とデータ
　　4　不平等度の分析結果
　　5　むすび
　　資料　キング尺度、タイル尺度の測定方法

第 4 章　地方自治体における基準財政需要額と歳出決算額の格差 67

  1　はじめに
  2　既存研究と本章
  3　分析手法とデータ
  4　各歳出決算額と費目別基準財政需要額の分析結果
  5　むすび
  資料　歳出における基準財政需要額と歳出決算額の分析結果

第 5 章　少子高齢化が生活保護と財政に与える影響 85

  1　はじめに
  2　既存研究と本章
  3　所得分布モデル
  4　少子高齢化による生活保護制度のシミュレーションにおける分析結果
  5　むすび
  資料　所得分布データと生活保護制度の概要

第 6 章　所得税住民税と生活保護統合の分析 107

  1　はじめに
  2　生活保護制度と所得税住民税制の限界税率
  3　負の所得税の導入費用
  4　むすび

第 7 章　地方自治体の一般会計における債務返済可能性の検証 151

  1　はじめに
  2　一般会計におけるプライマリー・バランス
  3　自治体財政の債務返済可能性の検証
  4　むすび

むすびにかえて 163

参考文献 169

第1章

地方税収の自治体間格差

1 はじめに

1999年にはじまった平成の市町村合併を皮切りに、地方自治体[1]を取り巻く環境や地方財政は大きな変貌を遂げた。地方分権の受け皿として、基礎的自治体である市町村の基盤を強化しようとの目的である平成の市町村合併により、1999年には約3,300あった市町村は、2008年に約1,800にまで減少した。

また、過去に2度、明治の大合併、昭和の大合併という市町村の再編を行っており、これらの市町村の大合併は、いずれも時代の転換期に行われていることが大きな特徴である（図1-1参照）。

先進国へのキャッチアップを目指していた高度経済成長期において、中央集権システムは、地方の隅々に渡る均衡ある発展を可能とした。しかし、右肩上がりの成長は終わり、全国に渡る均衡ある発展はもはや不可能となった。少子高齢化や人口減少により、人口構成が変化した今、それぞれの地域にあった行政サービスが必要となってくる。

そのため、地方分権改革によって国と地方は、新しい関係を築くべく大規模な構造転換が行われている。

また、近年における三位一体の改革による地方交付税交付金（以下、地方交付税）の削減をはじめとして、地方財政改革がなされている。図1-2では、地方公共団体（都道府県、市区町村、一部事務組合等）の歳出入純計決

---

1) 本書では、地方自治体は普通地方公共団体（都道府県、市町村）のことを指す。

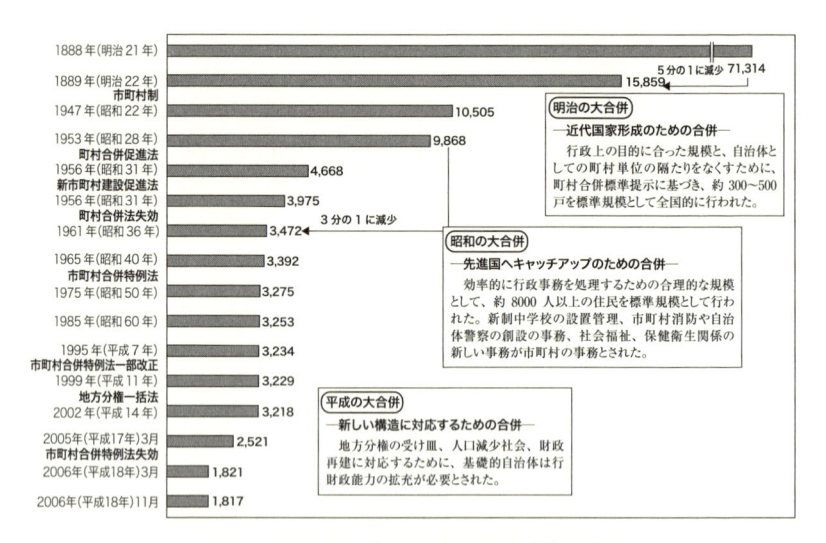

年	市町村数
1888年(明治21年)	71,314
1889年(明治22年) 市町村制	15,859
1947年(昭和22年)	10,505
1953年(昭和28年) 町村合併促進法	9,868
1956年(昭和31年) 新市町村建設促進法	4,668
1956年(昭和31年) 町村合併法失効	3,975
1961年(昭和36年)	3,472
1965年(昭和40年) 市町村合併特例法	3,392
1975年(昭和50年)	3,275
1985年(昭和60年)	3,253
1995年(平成7年) 市町村合併特例法一部改正	3,234
1999年(平成11年) 地方分権一括法	3,229
2002年(平成14年)	3,218
2005年(平成17年)3月 市町村合併特例法失効	2,521
2006年(平成18年)3月	1,821
2006年(平成18年)11月	1,817

1888年→1889年: 5分の1に減少
1947年→1961年: 3分の1に減少

明治の大合併
——近代国家形成のための合併——
行政上の目的に合った規模と、自治体としての町村単位の隔たりをなくすために、町村合併標準提示に基づき、約300～500戸を標準規模として全国的に行われた。

昭和の大合併
——先進国へキャッチアップのための合併——
効率的に行政事務を処理するための合理的な規模として、約8000人以上の住民を標準規模として行われた。新制中学校の設置管理、市町村消防や自治体警察の創設の事務、社会福祉、保健衛生関係の新しい事務が市町村の事務とされた。

平成の大合併
——新しい構造に対応するための合併——
地方分権の受け皿、人口減少社会、財政再建に対応するために、基礎的自治体は行財政能力の拡充が必要とされた。

図1-1　市町村合併の再編と市町村数の推移

(出所) 総務省Webサイト、資料より作成。

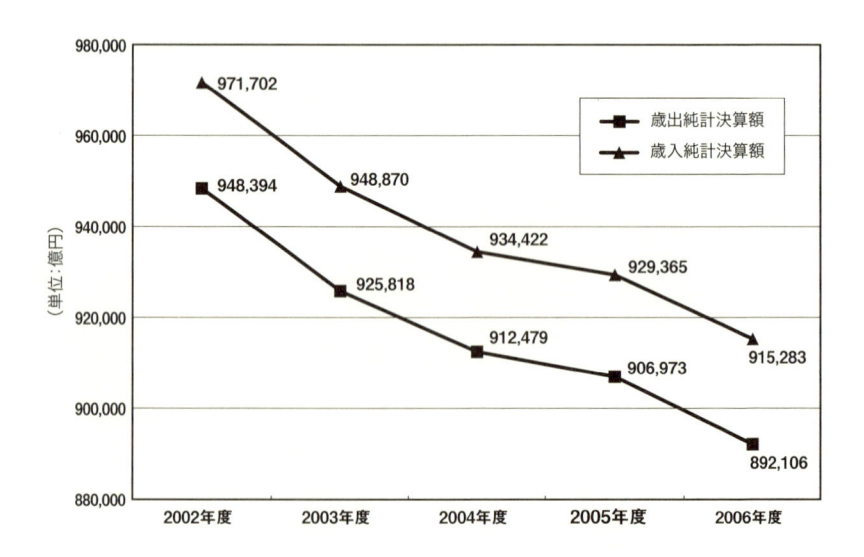

歳出純計決算額 / 歳入純計決算額 (単位：億円)

年度	歳入純計決算額	歳出純計決算額
2002年度	971,702	948,394
2003年度	948,870	925,818
2004年度	934,422	912,479
2005年度	929,365	906,973
2006年度	915,283	892,106

図1-2　地方公共団体における歳出入純計決算額の推移

(出所) 総務省『地方財政白書』各年版より作成。

算額の推移である。図1-2は、地方公共団体の歳入の減少と、歳出削減を示している。

　歳出削減に尽力している地方財政の喫緊の課題は、税収をいかに増やすかである。自主財源である地方税収によって歳出を賄うことは、地方分権の推進に欠かすことのできない課題である。近年の地方財政改革は、歳出削減や三位一体の改革による地方交付税の削減などにより行われてきた。しかし、自主財源である地方税収における改革は、所得税から住民税への税源移譲にとどまっている。地方税収の基幹税が固定資産税であることを考慮すると、さらなる税源移譲の必要性があるかもしれない。

　また、地方分権の推進の一方では、財政力格差をはじめとした自治体間格差が問題とされており、自治体間格差の是正を強くするべきであるという議論もある。地方分権の推進や自治体間格差のさらなる是正などの議論があるなか、まずは現状における地方税収の自治体間格差の状況を把握する必要があるだろう。そこで、本章では市町村における地方税収の自治体間格差をとりあげる。

　地方税は、市町村民税個人分、市町村民税法人分、固定資産税、市町村たばこ税、特別土地保有税、都市計画税とその他の地方税の税目により構成される。そのため、各税目の自治体間格差の測定も行う。また、各税目が地方税の自治体間格差にどの程度寄与しているかについても分析する。これらの分析により、どの税目が自治体間格差を拡大させているのかを知ることができ、地方税収の自治体間格差の是正や、税源移譲の税目についての政策インプリケーションを導くことができると考える。

　また、平成の市町村合併によって、市町村数、市町村の人口規模は変化した。市町村合併により、地方自治体間の地方税収格差を平準化したのか、または拡大したのであろうか。2001年度と2006年度の比較より探る。さらに、道州制の地域区分による地域間の格差についても検討する。

　本章の構成は、2節では既存研究を紹介し、本章の貢献について述べる。3節では、分析方法とデータについて説明する。4節は地方税の不平等度の計測を行い、最後に5節において、本章で得られた結果をまとめ、今後の課題について述べることでむすびとする。

2 既存研究と本章

本章の目的は、地方税収の自治体間格差を分析することである。ここでは、地方税収の自治体間格差を分析した既存研究を紹介しよう。

関連する既存研究は、税収に関する不平等尺度をもちいた実証分析であり、貝塚他［1986］、高林［1999］、高林［2000］などがあげられる。

貝塚他［1987］は、地方交付税の財政調整機能についての分析であり、そのなかで地方税についてもタイルのエントロピー尺度（以下、タイル尺度）をもちいた分析を行っている。彼らは、1972年度と1983年度における200都市のサンプルデータをもちいて、地方税収は地方間で平準化が進んでいることを結果として導いている。このように、異なる年同士を比較することで、時代の変化や環境の変化が、地方税収の自治体間格差をどのように変化させたのか知ることができる。このアプローチは、本章でも採用される。

高林［1999］は、国税、都道府県税、市町村税の主な税目についての分析をしている。貝塚他［1986］と同様に、自治体間分析の計測には、タイル尺度をもちいている。国税と地方税の間の税源配分については、国税に比べ、地方税の方に地域的偏在の程度が小さい税源が配分されているという結果が導かれている。

最後に、高林［2000］は、1996年度の都市データをもちいた地方税収の自治体間格差を、タイル尺度で分析している。地方税の不平等度は、主要構成項目である個人住民税や法人住民税、固定資産税の不平等度より小さく、さまざまな不平等パターンをもった税を組み合わせることで、普遍性の原則に沿った財源配分がされているなどの結果が得られている。

これらの既存研究では、タイル尺度にて各税目の不平等度、また地方税に対する各税目の寄与を分析している。しかし、サンプルデータや、都市データをもちいた分析であり、全市町村を対象とした分析は行われていない。

全市町村数にしめる町村の割合は高く、町村を含む分析が必要である。本章の分析対象年度である2001年度では、全市町村の約80％が町村であり、

市町村合併が進んだ2006年度ですら、約56％を町村が占める[2]。そのため、町村を含めた分析でなければ、より正確な自治体間格差の分析はできない。同じく、平成の市町村合併の影響を分析するには、全市町村を対象とした分析が必要となる。

そこで、本章では地方税の自治体間格差について全市町村を対象として分析を行う。そして、地方税を構成する税目が、地方税全体の自治体間格差に与える影響や、人口規模ごとにグループ化して人口規模が税収格差に与える影響について分析する。また、2001年度と2006年度の変化をとらえ、平成の市町村合併による人口規模の変化が税収格差にどのような影響をもたらしたのかを考察する。

3 分析方法とデータ

3.1 タイル尺度

本章は、地方税収の自治体間格差を評価する。ここでは、地方税を構成する各税目の不平等度を計測し、それらが地方税全体の不平等度にどれだけ寄与しているかを測る。また、地方税全体を人口規模別にグループ分けし、各グループの不平等度を計測することで、それらの全体への影響を調べる。そのために、タイル尺度をもちいる。

タイル尺度は、全体を構成する要素ごとに寄与度が分解でき、それらが全体への寄与の程度を測ることができる。また、全体をグループ化し、各グループが全体の不平等度にどれだけ寄与しているか計測が可能であるという特徴をもつ。

サンプル N 個のある変数分布 $x = (x_1, x_2, x_3, \ldots x_N)$ に関するタイル尺度は以下のように表せる。

$$T = \sum_{i=1}^{N} S_i \log N s_i \qquad (1-1)$$

---

2) 2001年度は、672市、1,985町、566村（計3,223市町村）であり、2006年度では、782市、827町、195村（計1,804市町村）である。

S_i は全体に占めるシェアであり、$\sum_{i=1}^{N} S_i = 1$ である。

$$s_i = \frac{x_i}{\sum_{i=0}^{N} x_i}$$

(1-1) 式から、タイル尺度 T は最小値 0 ならば完全平等、最大値 log$N$ ならば完全不平等を意味する。以下では、地方税の構成要素別、グループ別のタイル尺度について簡単に説明する。

3.2　タイル尺度の構成要素別の寄与度分解

まず、地方税の構成要素別タイル尺度について説明する。i 番目の都市について、地方税総額 L_i の構成要素は、市町村民税個人分 P_i、市町村民税法人分 H_i、固定資産税 K_i、市町村たばこ税 B_i、特別土地保有税 U_i、都市計画税 C_i、その他地方税 O_i と定義する。全ての変数は一人当たりである。

地方税総額 L_i は次のように表せる。

$$L_i = P_i + H_i + K_i + B_i + U_i + C_i + O_i \qquad (1\text{-}2)$$

ここで、各構成要素を地方税総額 $\sum_{i=1}^{N} L_i$ に対するシェアとしてとらえよう。

$$SL_i = \frac{L_i}{\sum_{i=1}^{N} L_i} \quad SP_i = \frac{P_i}{\sum_{i=1}^{N} L_i} \quad SH_i = \frac{H_i}{\sum_{i=1}^{N} L_i} \quad SK_i = \frac{K_i}{\sum_{i=1}^{N} L_i}$$

$$SB_i = \frac{B_i}{\sum_{i=1}^{N} L_i} \quad SU_i = \frac{U_i}{\sum_{i=1}^{N} L_i} \quad SC_i = \frac{C_i}{\sum_{i=1}^{N} L_i} \quad SO_i = \frac{O_i}{\sum_{i=1}^{N} L_i}$$

これらの各構成要素のシェアの平均値を、それぞれ $\mu_L, \mu_P, \mu_H, \mu_K, \mu_B, \mu_U, \mu_C, \mu_O$ とする。

$$\mu_L = \mu_P + \mu_H + \mu_K + \mu_B + \mu_U + \mu_C + \mu_O \qquad (1\text{-}3)$$

定義により、地方税総額 L のタイル尺度 $T(L)$ は次のように表せる。ここで N はサンプル数である。

$$T(L) = \frac{1}{N} \sum_{i=1}^{N} \left(\frac{SL_i}{\mu_L} \right) \log \left(\frac{SL_i}{\mu_L} \right) \qquad (1\text{-}4)$$

(1-4) 式に (1-2) 式と (1-3) 式を代入して次のように展開する。

$$
\begin{aligned}
T(L) &= \frac{1}{N}\sum_{i=1}^{N}\left(\frac{SP_i+SH_i+SK_i+SB_i+SU_i+SO_i}{\mu_L}\right)\log\left(\frac{SL_i}{\mu_L}\right)\\
&= \left(\frac{\mu_P}{\mu_L}\right)\underline{\frac{1}{N}\sum_{i=1}^{N}\left(\frac{SP_i}{\mu_P}\right)\log\left(\frac{SL_i}{\mu_L}\right)} + \left(\frac{\mu_H}{\mu_L}\right)\underline{\frac{1}{N}\sum_{i=1}^{N}\left(\frac{SH_i}{\mu_H}\right)\log\left(\frac{SL_i}{\mu_L}\right)}\\
&+ \left(\frac{\mu_K}{\mu_L}\right)\underline{\frac{1}{N}\sum_{i=1}^{N}\left(\frac{SK_i}{\mu_K}\right)\log\left(\frac{SL_i}{\mu_L}\right)} + \left(\frac{\mu_B}{\mu_L}\right)\underline{\frac{1}{N}\sum_{i=1}^{N}\left(\frac{SB_i}{\mu_B}\right)\log\left(\frac{SL_i}{\mu_L}\right)}\\
&+ \left(\frac{\mu_U}{\mu_L}\right)\underline{\frac{1}{N}\sum_{i=1}^{N}\left(\frac{SU_i}{\mu_U}\right)\log\left(\frac{SL_i}{\mu_L}\right)} + \left(\frac{\mu_C}{\mu_L}\right)\underline{\frac{1}{N}\sum_{i=1}^{N}\left(\frac{SC_i}{\mu_C}\right)\log\left(\frac{SL_i}{\mu_L}\right)}\\
&+ \left(\frac{\mu_O}{\mu_L}\right)\underline{\frac{1}{N}\sum_{i=1}^{N}\left(\frac{SO_i}{\mu_O}\right)\log\left(\frac{SL_i}{\mu_L}\right)}
\end{aligned}
$$

各項は、市町村民税個人分、市町村民税法人分、固定資産税、市町村たばこ税、特別土地保有税、都市計画税、その他地方税の構成要素にウエイトを乗じたものである。下線部は構成要素の準タイル尺度であり、それらにウエイトを乗じた和が総額のタイル尺度である。準タイル尺度は、その性質上マイナス値をとることもある。

3.3　タイル尺度のグループ別寄与度分解

ここでは、地方税総額が人口規模グループ別の地方税の合計からなるケースを考え、グループ別の寄与度を分析する[3]。人口規模は、A. 大都市（政令指定都市）、B. 中核市、C. 特例市、D. 中都市（政令指定都市、中核市、特例市以外の人口10万人以上の市）、E. 小都市（人口10万人以下の市）、F. 町村（1万人以上）、G. 町村（1万人以下）の7つにグループ分解する。

地方税総額の集合 $(L_1,...,L_a,\ L_{a+1},...,L_b,\ L_{b+1},...,L_c,....)$ について、各グループを全体のシェアの集合 $(s_1,...,s_a,\ s_{a+1},...,s_b,\ s_{b+1},...,s_c,....)$ とする。さらに、人口規模ごとに、次頁の表1-1のようにグループを区分した。

各グループのシェアの平均値を $\mu_A,\ \mu_B,\ \mu_C,\ \mu_D,\ \mu_E,\ \mu_F,\ \mu_G$ とすれば、各グループのタイル尺度は以下のように表せる。ここで、a, b, c, d, e, f, g は、各グループのサンプル数である。サンプル数に平均値 μ を乗じたものがその

---

[3]　道州制グループ別寄与度分解は、人口規模グループを道州制グループに変換すれば、同様の方法にてタイル尺度を計測できる。

表1-1　各人口規模グループのシェア

A. 大都市（政令指定都市）	$sA = (s_1, s_2, \ldots, s_a)$
B. 中核市	$sB = (s_{a+1}, s_{a+2}, \ldots, s_b)$
C. 特例市	$sC = (s_{b+1}, s_{b+2}, \ldots, s_c)$
D. 中都市	$sD = (s_{c+1}, s_{c+2}, \ldots, s_d)$
E. 小都市	$sE = (s_{d+1}, s_{d+2}, \ldots, s_e)$
F. 町村（1万人以上）	$sF = (s_{e+1}, s_{e+2}, \ldots, s_f)$
G. 町村（1万人以下）	$sG = (s_{f+1}, s_{f+2}, \ldots, s_g)$

グループの全体に対してのウエイトとなる。すなわち、大都市 sA のウエイトは $a\mu_A$ である。

$$T(sA) = \sum_{i=1}^{a} \frac{si}{a\mu_A} \log \frac{si}{\mu_A} \quad (1\text{-}5) \qquad T(sB) = \sum_{i=a+1}^{b} \frac{si}{b\mu_B} \log \frac{si}{\mu_B} \quad (1\text{-}6)$$

$$T(sC) = \sum_{i=b+1}^{c} \frac{si}{c\mu_C} \log \frac{si}{\mu_C} \quad (1\text{-}7) \qquad T(sD) = \sum_{i=c+1}^{d} \frac{si}{d\mu_D} \log \frac{si}{\mu_D} \quad (1\text{-}8)$$

$$T(sF) = \sum_{i=e+1}^{f} \frac{si}{f\mu_F} \log \frac{si}{\mu_F} \quad (1\text{-}9) \qquad T(sE) = \sum_{i=d+1}^{e} \frac{si}{e\mu_E} \log \frac{si}{\mu_E} \quad (1\text{-}10)$$

$$T(sG) = \sum_{i=f+1}^{g} \frac{si}{g\mu_G} \log \frac{si}{\mu_G} \quad (1\text{-}11)$$

全サンプルのシェアの平均値を μ とすると、全サンプルのタイル尺度 $T(L)$ は、次のようになる。

$$T(L) = \sum_{i=1}^{N} \frac{si}{N\mu} \log \frac{si}{\mu} \quad (1\text{-}12)$$

(1-12) 式は、(1-5) 式から (1-11) 式をもちいて次のように展開できる。

$$T(L) = a\mu_A T(sA) + b\mu_B T(sB) + c\mu_C T(sC) + d\mu_D T(sD) + e\mu_E T(sE)$$
$$+ f\mu_F T(sF) + g\mu_G T(sG) + T(sA, sB, sC, sD, sE, sF, sG)$$
$$(1\text{-}13)$$

ここで、グループ間の不平等度を示すタイル尺度は、以下で求められる。

$$T(sA, sB, sC, sD, sE, sF, sG) = \log N + a\mu_A \log \mu_A + b\mu_B \log \mu_B + c\mu_C \log \mu_C$$
$$+ d\mu_D \log \mu_D + e\mu_E \log \mu_E + f\mu_F \log \mu_F + g\mu_G \log \mu_G$$

3.4 データ

データは、地方税総額、地方税内訳、市町村人口は総務省『市町村別決算状況調』をもちいた。しかし、『市町村決算別状況調』では町村の地方税収内訳に関するデータはない。そのため、町村の地方税収内訳は総務省『決算カード』を入力した。

時間の変化をとらえるためには、2001年度と2006年度データを採用した。平成の市町村合併は、1999年4月に合併した兵庫県篠山市を皮切りとしている。そのため、平成の市町村合併前と合併後を比較する場合、1999年度以前のデータが望ましい。しかし現時点では、まとまって入手できる『決算ガード』は2001年度以降であるため、本章では2001年度を合併前のデータとして採用した。

市町村数は1999年3月31日に3,232市町村[4]であったが、2001年3月31日では3,227市町村であり、1999年度から2000年度までで合併したのは、5市町村のみである。そのため、2001年度のデータを合併前データとして採用しても問題は無いと考えられる。

分析対象の市町村は、東京都特別区を除いた市町村であり、2001年度は3,223市町村、2006年度は1,804市町村である。

4 地方税収のタイル尺度における分析結果

4.1 地方税総額と各税目のタイル尺度

表1-2は、2006年度の地方税総額と各税目のタイル尺度を計測した結果である。2006年度における地方税総額、各税目のタイル尺度は、特別土地保有税 (4.780)、都市計画税 (1.116)、市町村民税法人分 (0.397)、その他

---

[4] ここでの市町村とは、東京都特別区は除いたものである。

表 1-2　地方税総額と各税目のタイル尺度（2006年度）

税目	タイトル尺度
地方税総額	0.1317
市町村民税個人分	0.0769
市町村民税法人分	0.3967
固定資産税	0.2360
市町村たばこ税	0.0895
特別土地保有税	4.7803
都市計画税	1.1159
その他地方税	0.2500

地方税（0.25）、固定資産税（0.236）、地方税総額（0.132）、市町村たばこ税（0.09）、市町村民税個人分（0.077）の順に格差が小さくなっている。

特に、特別土地保有税と都市計画税の自治体間格差は極めて大きい。特別土地保有税は、土地の所有または取得に対して所有者、取得者に課する市町村税であり、免税措置が市町村の状況により異なる。また、都市計画税も市街化区域内に所在する土地または家屋の所有者に課す税であるため、市町村の状況により差異がある。これらのことが、特別土地保有税と都市計画税税収の自治体間格差になっていると考えられる。

地方税総額のタイル尺度よりも、市町村民税法人分とその他の地方税、固定資産税のタイル尺度は大きい。ここから、地方税総額の尺度では、各税目の自治体間格差が異なるために、各税目が相殺していることを意味している。このことを確かめるため、これらの各税目が、地方税総額にどのように寄与しているのか分析する。

4.2　地方税収における構成要素別の不平等度

表1-3は地方税総額の構成要素別の寄与度をまとめたものである。1行目に各税目、2列目にタイル尺度、3列目に準タイル尺度であり各税目のバラツキを示す。3列目は地方税総額に占めるウエイトであり、このウエイトに準タイル尺度を乗じたのが4列目の寄与度である。5列目に寄与率は寄与度

表 1-3 地方税構成要素別タイル尺度の地方税総額への寄与度分解（2006年度）

	タイル尺度	準タイル尺度	ウエイト	寄与度	寄与率(%)
地方税総額	0.1317		1.0000	0.1317	100
市町村民税個人分		-0.0009	0.2755	-0.00025	-0.192
市町村民税法人分		0.2089	0.0969	0.02024	**15.369**
固定資産税		0.2081	0.5283	0.10997	**83.514**
市町村たばこ税		-0.0361	0.0520	-0.00188	-1.424
特別土地保有税		0.0844	0.0003	0.00003	0.021
都市計画税		0.1843	0.0248	0.00458	3.475
その他地方税		-0.0452	0.0222	-0.00100	-0.762

をタイル尺度で割ったものであり、地方税総額にどのぐらい寄与しているかその割合を示している。

表1-3の寄与度をみると、固定資産税（0.10997）が地方税総額（0.1317）のタイル尺度に大きく寄与している。寄与率を見ると、固定資産税と市町村民税法人分によって地方税のタイル尺度における不平等度の約99％を説明することができる。

固定資産税と市町村民税法人分の準タイル尺度は、ほとんど同じである。しかし、地方税に占める固定資産税のウエイトは0.5283と高いため、固定資産税の方が寄与度は大きくなる。

表1-2の各税目のタイル尺度では、特別土地保有税の自治体間格差は極めて大きかった。しかし、構成要素別の寄与度分解では、特別土地保有税の準タイル尺度はそれほど大きくなく、またウエイトも低いため、その寄与度は極めて小さい。これは、特別土地保有税が全体に占めるシェアが極めて低いため、他の税目に相殺された結果である。都市計画税に関しても、準タイル尺度をみると他の税目よりバラツキが大きい。しかし、ウエイトが小さいため、寄与度は小さい。

市町村民税個人分、市町村たばこ税とその他の地方税の3税目は、寄与度がマイナスを示し、地方税総額の不平等度の改善に寄与していることを意味している。

4.3 グループ別の地方税総額タイル尺度への寄与度分解

表1-4は、人口規模グループ別タイル尺度の地方税総額への寄与度をまとめたものである。人口規模グループである。市町村の人口規模は、各年度の『地方財政白書』にてもちいられている団体規模別のグループと同様であり、大都市、中核市、特例市、中都市、小都市、町村（1万人以上）、町村（1万人以下）の7分類に分けられている。

人口規模別グループ内のバラツキを表す準タイル尺度は、人口規模が小さいほど大きい。町村（1万人以下）グループが最も高く、次いで町村（1万人以上）グループの準タイル尺度が大きい。また、これらのグループは全体に占めるウエイトも大きいため、地方税総額に与える寄与度も大きい。寄与率を見ると、町村の両グループが地方税総額の自治体間格差の約83％の影響をもっていることがわかる。

小都市においてもその寄与率は約9.9％を示している。しかし、準タイル尺度を見ると小都市の自治体間格差はそれほど大きいものではない。しかし、サンプル数が多いことから全体におけるウエイトが高いため、その寄与度も高くなる。

表1-4 人口規模グループ別タイル尺度の地方税総額への寄与度分解（2006年度）

人口規模別グループ	サンプル数	準タイル尺度	ウエイト	寄与度	寄与率(%)	シェア平均値
町村（1万人以下）	493	**0.3051**	**0.2709**	0.0826	**62.760**	0.00055
町村（1万人以上）	529	**0.1004**	**0.2718**	0.0273	**20.729**	0.00051
小都市	522	0.0465	0.2821	0.0131	9.966	0.00054
中都市	169	0.0295	0.1104	0.0033	2.474	0.00065
特例市	39	0.0113	0.0267	0.0003	0.228	0.00068
中核市	37	0.0190	0.0255	0.0005	0.366	0.00069
大都市	15	0.0121	0.0127	0.0002	0.117	0.00085
グループ間		0.0044		0.0044	3.359	
グループ合計	1804		1.0000	0.1273	100	0.00064
全サンプルのタイル尺度		**0.1317**		0.1317		

人口規模別グループの寄与度分解から、人口規模が地方税総額の自治体間格差に寄与していることがわかった。とはいえ、市町村は規模ごとにまとまっているわけではない。地域には、大都市も小都市も町村も存在する。そこで、地域内の格差や、その地域が全体に与える影響を分析する。

　地方分権を推進させ、地方自治を充実させるためにも国と地方を通じた行政システムとして道州制の議論がある。そのため、地域別グループは、第28次地方制度調査会にて議論された道州制の区割りの一つである11道州制を採用した[5]。

　表1-5は11道州制別グループのタイル尺度が地方税総額への寄与度をまとめた。まず、準タイル尺度では、東北（0.2255）、北関東（0.1743）、北陸（0.1238）、北海道（0.1045）の値が大きい。特に東北、北関東の値は他の地域と比べて極めて大きい値を示していることから、地域内格差が大きいことがわかる。

　北関東は東北よりも準タイル尺度は小さいが、ウエイトが大きいことから、地方税への寄与率が高い。北関東と東北では、サンプル数に大差はない。しかし、ウエイトの平均値は北関東の方が多いため、ウエイトが大きくなる。ウエイトの平均値から、北関東における地域内格差は、全体のウエイト平均よりも大きい地域が多いために発生する格差ということが示唆できる。また、東北における地域内格差は全体のウエイト平均よりも小さい地域が多いために発生する格差と指摘できる。

　東海は、準タイル尺度は高い値を示していないが、寄与率を見ると東北、北関東に次いで大きい。これは、ウエイトが高いために地方税収に対する寄与が高いことがわかる。サンプル数は、他の地域とそれほどの差はないが、ウエイトの平均は全体の中で一番大きいために、ウエイトの値が大きくなる。

　これまで、2006年度の地方税についての自治体間格差を多面的に分析し

---

5) 11道州制は、北海道（北海道）、東北（青森県、岩手県、秋田県、山形県、宮城県、福島県）、北関東（茨城県、栃木県、群馬県、埼玉県、長野県）、南関東（千葉県、東京都、神奈川県、山梨県）、北陸（新潟県、富山県、石川県、福井県）、東海（岐阜県、静岡県、愛知県、三重県）、近畿（滋賀県、京都府、大阪府、兵庫県、奈良県、和歌山県）、中国（鳥取県、島根県、岡山県、広島県、山口県）、四国（徳島県、香川県、愛媛県、高知県）、九州（福岡県、佐賀県、長崎県、熊本県、大分県、宮崎県、鹿児島県）、沖縄（沖縄県）である。

表1-5 11道州制別グループタイル尺度の地方税総額への寄与度分解（2006年度）

道州制グループ	サンプル数	準タイル尺度	ウエイト	寄与度	寄与率(%)	シェア平均値
北海道	180	0.1045	0.0832	0.0087	6.608	0.00046
東北	231	**0.2255**	0.1137	**0.0257**	19.482	0.00049
北関東	264	**0.1743**	0.1701	**0.0297**	22.520	0.00064
南関東	156	0.0736	0.1098	0.0081	6.137	0.00070
北陸	86	0.1238	0.0539	0.0067	5.069	0.00063
東海	176	0.0892	0.1268	0.0113	8.589	0.00072
関西	205	0.0590	0.1196	0.0071	5.359	0.00058
中国	112	0.0730	0.0586	0.0043	3.253	0.00052
四国	96	0.0648	0.0424	0.0027	2.085	0.00044
九州	257	0.0716	0.1067	0.0076	5.802	0.00042
沖縄	41	0.0451	0.0151	0.0007	0.519	0.00037
グループ間		0.0192		0.0192	14.579	
グループ合計	1804		1.0000	0.1125	100	0.00055
全サンプルのタイル尺度		0.1317		0.1317		

てきた。ここで注意するべきは、地方分権や財政健全化を目的とした平成の市町村合併が行われ、市町村数や人口規模は劇的な変化を遂げたことである。この大規模な市町村合併は、地方税にどの程度の影響を与えたのだろうか。

4.4 地方税における自治体間格差の経年変化

平成の大合併による市町村の構造の変化は、地方税にどのような影響をあたえているのだろうか。図1-3は平成の大合併以前の2001年度と、以後の2006年度における地方税総額と各税目のタイル尺度の結果である。ただし、タイル尺度の性質上、最大値は$\log N$であり、サンプル数によって異なる。そこで、2001年度と2006年度を比較するには基準化する必要があるため、各タイル尺度を各年度の最大値$\log N$にて除算し、基準化した。

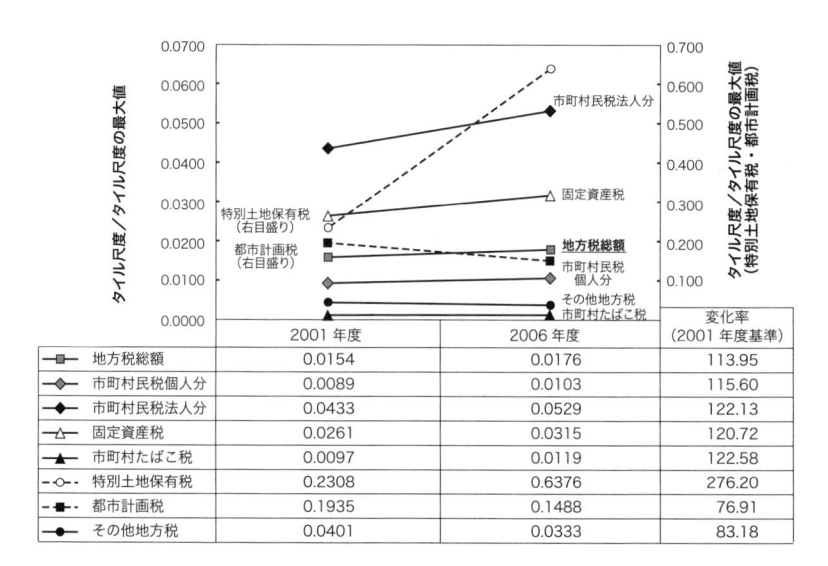

第1章　地方税収の自治体間格差　23

	2001年度	2006年度	変化率（2001年度基準）
地方税総額	0.0154	0.0176	113.95
市町村民税個人分	0.0089	0.0103	115.60
市町村民税法人分	0.0433	0.0529	122.13
固定資産税	0.0261	0.0315	120.72
市町村たばこ税	0.0097	0.0119	122.58
特別土地保有税	0.2308	0.6376	276.20
都市計画税	0.1935	0.1488	76.91
その他地方税	0.0401	0.0333	83.18

図1-3　地方税総額と各税目のタイル尺度の経年変化

特別土地保有税と都市計画税は左目盛りであり、2001年度と2006年度の変化を点線にて示している。それ以外の税目は、右目盛りであり、変化は実線にて示している。また、右端に変化率（2001年度基準）を表示してある。

2001年度と2006年度を比較すると、合併後の2006年度の方が、地方税総額の自治体間格差はやや拡大傾向にあることがわかる[6]。

2006年度の方が都市計画税、その他地方税を除く税目において自治体間格差が大きい。特に、2006年度における特別土地保有税の自治体間格差は極めて大きい。その理由として、特別土地保有税の法改正の関係が示唆できる。2003年度より特別土地保有税の新規課税は停止されているため、2001年度には58％の市町村において特別土地保有税収があったものの、2006年度には14％の市町村しか特別土地保有税収がない。そのため、2006年度においては極めて高い自治体間格差となっている。

図1-4は構成要素タイル尺度の地方税総額への寄与度分解の変化である。

---

[6] 2001年度と2006年度における地方税と各税目の自治体間格差について、変動係数を用いた分析を行った。そこでは、タイル尺度を用いた分析とほとんど変わらない結果が得られた。なお、その詳細は資料にある資料1-3を参考にされたい。

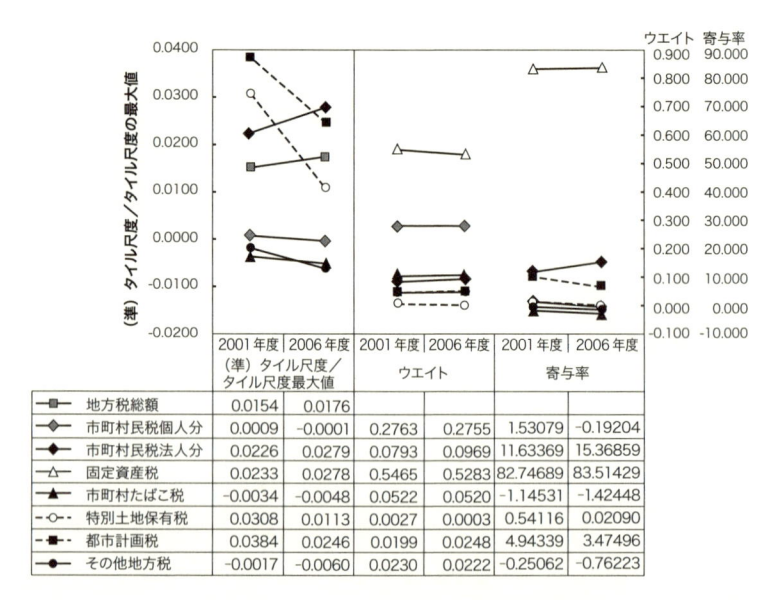

	2001年度	2006年度	2001年度	2006年度	2001年度	2006年度
地方税総額	0.0154	0.0176				
市町村民税個人分	0.0009	-0.0001	0.2763	0.2755	1.53079	-0.19204
市町村民税法人分	0.0226	0.0279	0.0793	0.0969	11.63369	15.36859
固定資産税	0.0233	0.0278	0.5465	0.5283	82.74689	83.51429
市町村たばこ税	-0.0034	-0.0048	0.0522	0.0520	-1.14531	-1.42448
特別土地保有税	0.0308	0.0113	0.0027	0.0003	0.54116	0.02090
都市計画税	0.0384	0.0246	0.0199	0.0248	4.94339	3.47496
その他地方税	-0.0017	-0.0060	0.0230	0.0222	-0.25062	-0.76223

図1-4　地方税構成要素別タイル尺度の地方税総額への寄与度分解の経年変化

準タイル尺度、ウエイト、寄与率の変化を示している。準タイル尺度は左目盛り、ウエイト、寄与率は右目盛りである。

　2001年度、2006年度の準タイル尺度は、両者とも市町村民税法人分と固定資産税が他の税目の準タイル尺度と比較して高い。市町村民税法人分に関しては、地方税に占めるウエイトも2001年度と比較して大きくなっている。これは、先に述べたように、景気回復による影響が考えられる。2001年度においても、2006年度と同様、固定資産税と市町村民税法人分の寄与により地方税のタイル尺度を説明することができる。

　特別土地保有税と都市計画税の準タイル尺度は、2006年度の方が小さな値を示している。

　図1-3における特別土地保有税単独のタイル尺度では、2006年度の方が2001年度よりも極めて高い値を示していた。しかし、構成要素別の分析では逆に、2001年度の方が準タイル尺度は大きい。これは、2006年度における特別土地保有税は他の税目に相殺された結果と考えることができる。また、2001年度のウエイトと比較しても、2006年度におけるウエイトは小さ

いため、特別土地保有税の全体に与える影響は小さくなったといえる。

市町村税個人分は 2006 年度の方が小さく、準タイル尺度はマイナスを示している。市町村税個人分においては、自治体間格差が小さくなっており、全体の不平等度の改善に貢献している。

図 1-5 は人口規模別グループの地方税総額への寄与度の経年変化をまとめたものである。

準タイル尺度の変化を見ると、町村（1万人以下）の不平等度が高まったことがわかる。その他の人口規模別グループにおいても若干であるが、不平等度は 2006 年度の方が高い。このことが意味することは、市町村合併により、一人当たり地方税収に差ができたことが考えられる。一般的に考えれば、市町村合併により地方税の自治体間格差は是正される可能性は大きい。しかし、今回の市町村合併の影響を 2001 年度と 2006 年度を基準に測ると、地方税収の自治体間格差がやや拡大している。その要因として、小規模町村における未合併市町村の存在が考えられる。

市町村合併により市町村数は大幅に減少し、特に人口 1 万人以下の市町村は 3 分の 1 弱に減少した[7]。しかし、人口 1 万人以下の市町村のうち未合併市町村も 433 ある[8]。その未合併市町村における合併に至らなかった要因としては、財政的な要因を挙げる市町村も多くあり、多額の債務や財政難のため合併を望んだが合併相手が否定的であったことや、財政力が豊かなため合併を行わない市町村などが考えられる。2006 年度における町村（1万人以下）グループには未合併市町村が多いため、未合併市町村の影響により自治体間格差が拡大したことが示唆できる。しかし、町村（1万人以下）は 2006 年度の方が市町村合併によりウエイトが小さくなったため、寄与率は 2001 年度よりも小さくなっている。

逆に、小都市の寄与率が高くなっていることがわかる。市町村合併により、人口 1 万人以下の合併市町村のほとんどは、合併後人口 5 万人以下の規模になっている。そのため、小都市の数は市町村合併により増え、全体に占

---

7) 人口 1 万人以下の市町村は 1999 年 3 月 31 日時点で 1,537 市町村あったが、2008 年 11 月 1 日においては 482 市町村である。

8) 総務省 市町村の合併に関する研究会『「平成の合併」の評価・検証・分析』を参照。

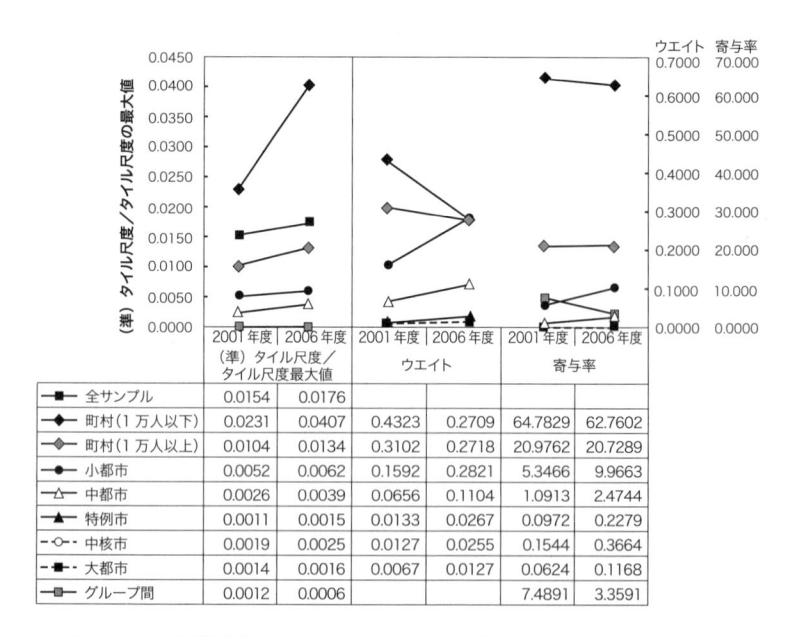

	2001年度	2006年度	2001年度	2006年度	2001年度	2006年度
	(準)タイル尺度/タイル尺度最大値		ウエイト		寄与率	
全サンプル	0.0154	0.0176				
町村(1万人以下)	0.0231	0.0407	0.4323	0.2709	64.7829	62.7602
町村(1万人以上)	0.0104	0.0134	0.3102	0.2718	20.9762	20.7289
小都市	0.0052	0.0062	0.1592	0.2821	5.3466	9.9663
中都市	0.0026	0.0039	0.0656	0.1104	1.0913	2.4744
特例市	0.0011	0.0015	0.0133	0.0267	0.0972	0.2279
中核市	0.0019	0.0025	0.0127	0.0255	0.1544	0.3664
大都市	0.0014	0.0016	0.0067	0.0127	0.0624	0.1168
グループ間	0.0012	0.0006			7.4891	3.3591

図1-5 人口規模別グループタイル尺度の地方税総額への寄与度分解の経年変化

めるウエイトが大きくなったことにより、寄与率が高くなった。

グループ間に注目すると、準タイル尺度は2006年度の方が小さくなっており、このことは合併により人口規模グループ間における不平等度は改善されていることを意味している。

市町村合併により、合併したことでの地方税収の格差是正の効果と、未合併市町村に代表されるような合併により生まれた新たな格差が相殺しているため、2001年度と2006年度の比較による市町村合併の影響は、自治体間格差を拡大させたとの結果がでたと解釈できる。

5 むすび

本章は、地方税収の自治体間格差についてタイル尺度をもちいて分析した。そして、地方税収の自治体間格差を、地方税を構成する税目の地方税総額への寄与度分析、人口規模別グループや地域グループの地方税総額への寄

与度分解、そして経年変化と、さまざまな視点から評価した。

　分析結果は、以下にまとめられる。1. 地方税収の自治体間格差には地方税の基幹税である固定資産税の寄与が大きい。2. 地方税収の自治体間格差は、市町村合併の影響によりやや拡大している。人口規模別グループ別の寄与度を分析すると、小規模市町村の影響が大きく、これは市町村合併前よりも小規模自治体の自治体間格差が広がっていることがわかった。逆に、人口規模別グループ間の格差は縮小していることもわかった。3. 地域別グループの分析では、東北、北関東における自治体間格差が大きく、これらが全体の地方税収に寄与していることが結果として得られた。

　本章では、2001年度と2006年度の分析より、地方税収の自治体間格差はやや拡大していることがわかった。その要因は、人口規模グループ別の分析や地域別の分析から、小規模自治体における未合併市町村において格差が拡大していることが示唆された。

　市町村合併による人口規模の拡大は地方分権の受け皿となりうる地方自治体の基盤を強化した。そのため、今後さらなる税源移譲を行い、自立した行財政運営をおこなえるための自主財源の拡充が重要となる。

　また、地方税収の自治体間格差は、固定資産税による寄与が大きいことから、地方税収の自治体間格差の是正には固定資産税の改革が有効と示唆できる。しかし、税源移譲には十分な考察が必要である。

　最後に今後の課題を述べてまとめとする。本章では、2001年度と2006年度の2期間を対象としているため、これらの結果がこの期間において特異なものか、他の期間においても同様の結果を得られるのか、知ることはできない。そのため、今後は他の期間においても分析を試みたい。

　また、三位一体の改革の一つとして、2006年度税制改正により国税から地方税の税源移譲が行われた。この税源移譲により地方税収がどのような変化をもたらしているかも含め、今後の課題とする。

資料　2001年度における地方税のタイル尺度の寄与度分解の分析結果

資料1-1　地方税構成要素別タイル尺度の地方税収への寄与度分解（2001年度）

	2001年度				
	タイル尺度	準タイル尺度	ウエイト	寄与度	寄与率(%)
地方税総額	0.1245		1.0000	0.1245	100
市町村民税個人分		0.0069	0.2763	0.00191	1.531
市町村民税法人分		0.1826	0.0793	0.01448	11.634
固定資産税		0.1885	0.5465	0.10302	82.747
市町村たばこ税		-0.0273	0.0522	-0.00143	-1.145
特別土地保有税		0.2491	0.0027	0.00067	0.541
都市計画税		0.3098	0.0199	0.00615	4.943
その他地方税		-0.0136	0.0230	-0.00031	-0.251

資料1-2　人口規模グループ別タイル尺度の地方税収への寄与度分解（2001年度）

人口規模別グループ	2001年度					
	サンプル数	準タイル尺度	ウエイト	寄与度	寄与率(%)	シェア平均値
町村(1万人以下)	1549	0.1866	0.4323	0.0807	64.783	0.00028
町村(1万人以上)	1002	0.0842	0.3102	0.0261	20.976	0.00031
小都市	447	0.0418	0.1592	0.0067	5.347	0.00036
中都市	155	0.0207	0.0656	0.0014	1.091	0.00042
特例市	30	0.0091	0.0133	0.0001	0.097	0.00044
中核市	28	0.0152	0.0127	0.0002	0.154	0.00045
大都市	12	0.0116	0.0067	0.0001	0.062	0.00056
グループ間		0.0093		0.0093	7.489	
グループ合計	3223		1.0000	0.1152	100	0.00040
全サンプルのタイル尺度		0.1245		0.1245		

資料1-3 地方税と各税目における変動係数の経年変化

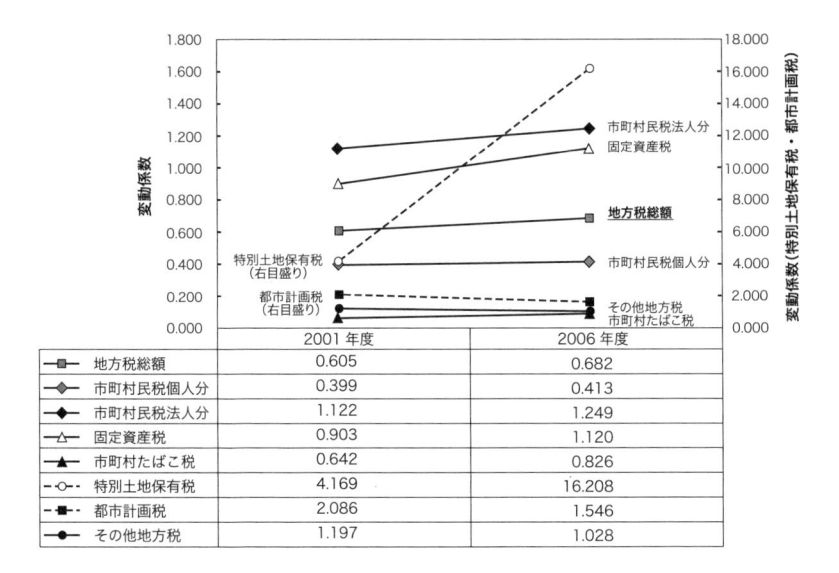

	2001年度	2006年度
地方税総額	0.605	0.682
市町村民税個人分	0.399	0.413
市町村民税法人分	1.122	1.249
固定資産税	0.903	1.120
市町村たばこ税	0.642	0.826
特別土地保有税	4.169	16.208
都市計画税	2.086	1.546
その他地方税	1.197	1.028

第2章

人口規模による自治体間の歳出格差

1 はじめに

　地方自治体の課題では地方分権の受け皿となるために、どのように力をつけていくかである。そのため、基礎的自治体[9]である市町村は、地方分権を実現させるための大きな役割を背負っている。

　2000年に地方分権一括法が施行され、地方自治法には基礎的自治体と広域的自治体の役割分担が明示された。地域における事務の第一の処理主体は、基礎的自治体である。そして、広域的自治体である都道府県は、このような基礎的自治体の存在を前提として基礎的自治体の区域を越える広域にわたる事務、基礎的自治体に関する連絡調整に関する事務、規模や性質において一般の基礎的自治体が処理することが適当でない事務に限って処理するという補完的な役割をもつ。

　日本は、過去に経験したことのない人口減少社会の到来という時代の転換期に立たされ、従来の財政構造では、これらの社会環境の変化に対応するのが難しくなってきた。行政は、社会システムや経済状況などによって常に変化し、対応していく必要がある。そのため、平成の市町村合併は、地方分権、社会環境の変化に対応するべく大いに進展した。

　しかし、何の理念もないまま合併が進んだケースも多い。今後、ますます進む高齢化や人口減少にも対応できる基礎的自治体の体制作りが必要であ

---

　9) 本章では、市町村を基礎的自治体という言葉を用いて表現する。市町村を包括する広域の都道府県を広域的自治体と呼ぶのに対し、市町村は、住民にもっとも身近な行政事務を行う基本的な自治体である。このことを的確に明示するために、市町村を基礎的自治体と表現する。

り、人口減少が始まる今こそがターニングポイントと考える。

本章は、歳出規模の適正化という観点から、どのくらいの人口規模が基礎的自治体に適しているのかを探り、人口規模による歳出の格差の実態を明らかにする。

また、人口減少を反映した将来推定人口をもちい、基礎的自治体別に将来の財政シミュレーションを行うことで、基礎的自治体の歳出への影響を数量的に分析する。

本章の構成は以下のとおりである。2節では、基礎的自治体の規模と行政について述べる。特に、小規模な基礎的自治体について現状を分析し、問題点を指摘する。3節では、基礎的自治体の適正規模について分析する。また、将来推計人口データをもちいて、将来における財政シミュレーションを行い、2004年度との比較をおこなう。これにより、人口減少社会における自治体財政の将来像を知ることができる。最後に4節において、本章で得られた結果をまとめてむすびとする。

2 基礎的自治体の規模と行政

2.1 基礎的自治体の規模

地方自治体の改革目標は、基礎的自治体を住民に身近な事務を基本とし、国や都道府県の関与なしに独自に処理できる能力を備える団体にする。そして、財政再建の2点である。

このため、基礎的自治体には行財政能力の拡充が求められる。そして、権限の拡大による専門性の高まり、自らによる財源の確保など、基礎的自治体はある一定の規模を持つことが必要である。

基礎的自治体には、担うべき行政事務があり、基礎的自治体は行政事務の供給主体である。行政事務の受益者であり負担者であるのは住民である。このため、基礎的自治体の規模、とくに人口は基礎的自治体を構成する重要な要素である。

地方自治法第2条14項には、「地方公共団体は、その事務を処理するに当たっては、住民の福祉の増進に努めるとともに、最小の経費で最大の効果を挙げるようにしなければならない。」とある。行政事務の供給主体による経

費の最小化、そして適正な規模の追求は、住民福祉の最大化のために基礎的自治体に課せられた重要な課題である。

平成の大合併が終焉をむかえた2006年10月1日時点においても、基礎的自治体の数は、1,817市町村[10]ある。

表2-1には基礎的自治体数と人口を示した。基礎的自治体の人口は横浜市の約355万人から、青ヶ島村の195人と18,020倍の開きがある。

人口のみをとっても同じ基礎的自治体でありながらバラエティに富んでいることがいえる。しかし、人口、人口構成に差はありながらも、基本的な行政事務を行うという基礎的自治体の機能に変わりない。

表2-1　基礎的自治体数と人口

1,817市町村

　　市　：779（最多：神奈川県横浜市　約355万人　最少：北海道歌志内市 5,216人）
　　　　　人口　約1億845万人

　　町村：1,038（最多：愛知県三好町　約5.4万人　最少：東京都青ヶ島村　195人）
　　　　　人口　約1,919万人

（出所）総務省資料、各基礎的自治体Webサイト。

2.2　基礎的自治体の行政

基礎的自治体は地域住民の生活基盤となる基礎的な地方公共団体と位置づけられる。基礎的自治体の役割は住民生活にとって重要である。

住民に一番近い地方公共団体として、基礎的自治体は住民に行政サービスを提供する義務がある。教育、福祉、衛生、街づくりなどがあげられる。そのなかでも、主要な事務として、ごみ処理、消防、介護保険などがあげられる。それぞれ、廃棄物の処理及び清掃に関する法律、消防組織法、介護保険法にて市町村で事務処理することと定められている。

ごみ処理事務は、廃棄物処理施設にて焼却炉を効率よく稼動させる必要がある。効率的に処理するためには可能な限り1日焼却処理能力約300トン以

---

10)　2006年10月1日現在、人口は住民基本台帳を使用。

上の施設が望ましく、最低でも1日焼却処理能力100トン以上の施設とされる[11]。1人当たりのごみ排出量（1日1人当たり1,111グラム）[12]から試算すると、300トンで人口27万人、100トンで人口9万人に対応する。

消防事務は、消防、救急に携わる専門の職員の確保、消防本部の情報処理のためのさまざまな機器、消防ポンプ自動車、はしご車などの設備を必要とする。体制強化のため、管轄人口については10万人程度以上とすることが一つの目安になっている[13]。

介護保険事務は基礎的自治体が保険者とされる。内容は自治体規模の大小によってばらつきがある。保険料を例にとっても、最高と最低では3倍近い幅がある。特に、先に示したように小規模な基礎的自治体は過疎化、高齢化が進んでいる。したがって、介護費用も増大する。保険の原則は、加入者が多ければ多いほど事故率は平均化され、保険料も安定する。基礎的自治体の担うべき行政事務の中には、大数の法則が成り立つものが多いため、一定の規模をもって行われる必要がある。

表2-2はごみ処理施設、消防署の数等を示した。しかし、どの施設数も現在ある市町村の数よりも少ない。これは、小規模な基礎的自治体は、経済的理由により単独ではこれらの行政事務の提供が難しい。そのため、一部事務組合や広域連合により複数の自治体と共同で行政事務を行っているのが現状である。

表2-2　ごみ処理施設、消防署数

ゴミ処理・し尿組合数	610団体（2004年度）
消防本部	（単独）463市町村
	（組合）385組合（2005年度）
介護保険	認定審査会の単独実施　681市町村
	広域的な保険者運営　535市町村（2002年度）

（出所）総務省［2006］『地方財政白書』、総務省消防庁［2005］『消防年報』。

---

11) 1997年5月厚生省通知「ごみ処理の広域化計画」参照。
12) 環境省［2004］「日本の廃棄物」参照。
13) 2001年3月消防庁長官通知「消防広域化基本計画の見直しについて」参照。消防力の基準に基づく管轄人口10万人（市街地人口7万人）の消防本部モデルは、1署2出張所、消防ポンプ自動車6台、はしご自動車1台、化学消防車1台、救助工作車1台、救急自動車3台、消防職員117人である。

では、一体どのくらいの人口規模が、ごみ処理事務、消防事務、介護保険事務の行政事務を共同処理しているのであろうか。表2-3では、事務の処理方式における平均人口を示した。

表2-3 事務の処理方式における平均人口

処理方法 処理する事務	一共同処理団体当たりの平均人口 （単位：人）	単独施行一市町村当たりの平均人口 （単位：人）	事務主体平均 （単位：人）
ゴミ処理	102,644	108,719	105,682
し尿処理	110,566	117,947	114,257
消防事務	100,193	139,438	119,816
介護保険	115,819	74,490	95,155

注）1 人口は、平成15年3月31日現在の住民基本台帳人口（126,688,354人）
　　2 共同処理団体数は、一部事務組合と広域連合の数の合算
　　3 共同処理団体数の人口は、構成市町村の合計

（出所）第27次地方制度調査会（第30回専門小委員会）資料。

消防事務の場合、平均人口は、共同処理では10万人、単独処理では13万9千人となっている。また、ごみ処理では共同処理、10万2千人、単独処理の場合は10万8千人となっている。一部事務組合や広域連合の構成団体の人口平均と単独施行の人口平均には、ほとんど差がない。人口10万人という数値が、これらの事務処理を行う際に必要な人口規模だといえる。

3　一部事務組合と広域連合の現状と問題点

一部事務組合、広域連合はともに特別地方公共団体であり、隣接する複数の基礎的自治体が事務を共同処理するために組織される。

一部事務組合は、普通地方公共団体および特別区がその事務の一部を共同で処理するために設けるものである。組合は議会、管理者によって組織される。議員は、規約により選出方法等が決められる。広域連合との決定的な違いは、構成自治体が、同じ事業を共同で処理することであり、構成自治体の機能を補完するとされている。

広域連合は1994年に自治法改正で新たに新設された制度である。介護保険、ごみ処理、大気汚染対策など広域的処理が必要な事務について、多数の公共団体が参加し共同で事務処理を進めるために設けられた。広域連合は、国からの権限移譲の受け入れ体制という一部事務組合になかった仕組みが設けられている。議員の選出においては、直接選挙ができるということも定められているが、実態は、間接選挙によるものになっている。一部事務組合、広域連合の設置状況は表2-4に示した。

表2-4 一部事務組合、広域連合設置状況

一部事務組合	設置件数	2,337団体
広域連合	設置件数	86団体（構成団体 827）

＊一市町村・特別区当たり平均8.6の一部事務組合等に加入

（出所）総務省［2005］『地方財政白書』。

一市町村当たり、平均8.6の一部事務組合、広域連合に加入している。一部事務組合や広域連合に加入し行っている行政事務は自治体の事務から離れるため、それらの事務に関することは一部事務組合、広域連合の議会にて運営を決定し実行されることになる。

一部事務組合、広域連合による共同事務処理の実情を知るために、1万人以下の基礎的自治体を対象にアンケート調査を行った。

「一部事務組合、広域連合実態把握調査」

対　象：1万人以下の基礎的自治体（人口2005年10月1日時点）[14]
　　　　各自治体のウェブサイトよりEメールアドレスを取得。
　　　　その結果、689市町村へアンケート添付ファイル付メールを送信。

方　法：Eメールによる調査
期　間：2005年10月1日～2005年10月21日（3週間）
回答率：29%（237町村より回答／有効回答236町村）

---

14) ウェブサイト、アドレスが不明な基礎的自治体へは調査を見送った。また、送信をしたものの、アドレスが消滅、添付ファイル付メールを拒否しているアドレスを持つ基礎的自治体も存在した。これらの基礎的自治体についても追跡調査をすることはしていない。これらの基礎的自治体もアンケート調査をした689市町村へ含まれる。

アンケートの実施対象、方法、期間、回答率は以下のとおりである。

アンケートは、一部事務組合、広域連合の加入総数、共同事務処理の利点と問題点について伺った。アンケート結果は表2-5にまとめた。

表2-5 「一部事務組合、広域連合実態把握調査」回答結果

1 一部事務組合、広域連合加入総数	平均 6組合
2 一部事務組合・広域連合に感じる利点と問題点（複数回答）	
A 利点	
専門性が確保されやすい	173
経費が安い	63
自治体の負担が少ない	137
その他	10
・一町で対応が難しい事業の実行がしやすい ・単独では難しい問題を広域的な取組で協議できる ・広域の住民が均一な行政サービスを受けることができる	等
B 問題点	
住民・自治体の意見が反映されにくい	61
議会のチェックが働きにくい	68
住民・自治体が無関心になる	83
その他	35
・町民の目に見えるメリットとなるような事業をしていない ・様々な部分において加入自治体の財政負担が必要なため、本来の目的のひとつである運営コストが削減されていない ・組合組織も問題意識の低さが露呈化されている ・議員・職員が寄せ集めのため、個々の自治体の思惑もあり踏み込んだ議論ができない ・地方公共団体としての一定の形勢を整える必要があり、無駄が多い ・一部事務組合の事務が多すぎて負担金がかさんでいる	等

アンケート調査から、小規模な基礎的自治体による一部事務組合、広域連合での共同事務処理の利点は、専門性の確保と経済的な要因であることがわかる。

一部事務組合、広域連合で問題となるのが、住民、自治体の意見が反映されにくい点があげられる。住民の意見を反映するために、議会があり、住民が議員を選出する。議会は設置されているが、構成議員は住民から直接選挙

で選ばれたのではなく、構成自治体議会の議員の中から選出される。住民から直接チェックを受ける仕組みがなく、議会が形骸化されている。

そして、構成自治体の中で、もっとも遅れた自治体の行政水準に左右されて、自治体固有の機能が弱くなる可能性が高い。

最後に、人任せの無責任体制があげられる。組合での事業は構成市町村の行政事務から離れる。そのため、管理者の自治体以外は組合の事務に関心が薄まり、人任せの無責任体制になる。問題が発生した際に、組合は、各市町村、市町村は組合へと、責任のなすりあいになることが指摘される。

住民生活に密接に関わる行政事務は、住民のニーズを反映するために、基礎的自治体が行う責務がある。それにも関わらず、一部事務組合や広域連合は、議会の形骸化、他の自治体との共同処理のため、自治体独自の施策が反映されにくいという問題点を有する。

このような問題点を解決するためには、基礎的自治体が担う行政は、自治体の意思を反映し、そして責任の下で各基礎的自治体が単独で行う必要がある。また、一部事務組合、広域連合による利点として、専門性の確保、経済的負担があげられる。この利点を保ちながら問題点を克服するには、基礎的自治体はある程度の人口規模を備える必要がある。

4 基礎的自治体の適正規模と歳出格差

現状において基礎的自治体は担うべき行政を住民へ最小コストで提供することが重要課題である。その上で、基礎的自治体は地域に合った住民ニーズに応えられるような行政サービスを選択し、提供することが可能となる。それらの理由から本章では、最小コスト人口規模を適正規模として捉え、人口規模による歳出の格差の実態を明らかにする。

既存研究では、一人当たり歳出を説明変数として分析した最小コストの人口規模は約10万人から約20万人という結果が得られている。表2-6を参照されたい。

既存研究では、一人当たりの歳出が人口規模に対してU字型にプロットされ、U字型の底を最小コストの人口として算出している。多くの基礎的自

表2-6 既存研究における最小コストの人口規模

出所	最少コストの人口規模	データ
中井 [1988]	約 12.8 万人	1984 年度 全国　3,253 市町村
横道・沖野 [1996]	10km²：約 9 万人 50km²：約 12 万人 100km²：約 13.6 万人 300km²：約 16.5 万人 500km²：約 18.1 万人 1,0002km²：約 20.5 万人	1992 年度 全国　2,959 市町村 政令指定都市、離党該当市町村、普通交付団体を除く
吉村 [1999]	全国の市区：21.6 万人 地方圏の市：約 18.1 万人 大都市圏の市区：約 18.2 万人	1994 年度 全国　686 市 (東京都特別区含む)
西川 [2001]	約 17 万人	1998 年度 全国 3,255 市町村

治体は、最小コストの人口規模よりも小さいため、市町村合併によって基礎的自治体の人口を増加させ、スケールメリットにより一人当たりの歳出が削減すると述べられている。

　基礎的自治体の人口規模を分析する既存研究には、人口規模を面積単位で捉えたものや全国の市区のみに焦点を当てたものなどがある。また、歳出の中でも人件費を分析したもの、基準財政需要額から適正人口規模を割り出したものなどさまざまな研究がある。

　既存研究での共通点は、単年度によるクロスセクションデータ分析を行っている点である。単年度での分析は、その年の特徴を考慮できない。また、データが少ないため、地域特性を分析できない。

　このような既存研究の課題を反映して、本章では1990年度から2004年度の15年分のデータをもちいて、パネルデータ分析を行う。パネルデータは、各年度の特徴、地域特性を考慮できる点で優位であると考えられる。

　また、分析結果より得られた推定式と将来人口推定をもちいて将来のシミュレーションを行う。これにより、基礎的自治体が将来的にどのような状況になるのか、財政面から歳出の予測ができる。

4.1 歳出データによる実証分析

本節では、基礎的自治体の財政と人口の相関関係についてパネルデータ分析を行う。そして、一人当たりの歳出が最小となる人口規模を算出する。

まず、推計する回帰式を次のように特定化する。

ln 一人当たり算出

$$= \alpha + \beta_1 \ln 人口 + \beta_2 \ln 人口^2 + \beta_3 \ln 面積 + \beta_4 \ln 面積^2 + \mu \quad (4-1)$$

ここで、被説明変数は ln 一人当たりの歳出、説明変数は、定数項 α、ln 人口、ln 人口^2、ln 面積、ln 面積^2、誤差項 μ である。

基礎的自治体を構成する要素として人口規模に焦点を当てたことは、第二章において述べたとおりである。分析に際しては、もう一つの構成要素である面積も説明変数とした。なぜなら、面積は一人当たりの歳出に影響を与えると考えられるからである。

データは、1990年度から2004年度[15]の15年間の総務省『市町村決算状況調』をもちいる。ここでは、歳出総額、人口（住民基本台帳）、面積のデータをもちいる。なお、ln は自然対数を意味する。歳出総額は、『県民計算年報』「県民総支出デフレータ（1995暦年基準）」により実質化した。

また、政令指定都市はデータから除いた。なぜなら、政令指定都市には事務配分に特例があり、他の基礎的自治体とは事務の範囲が異なる。また、政令指定都市は約70万人から約350万人と人口規模が巨大である。中核市、特例市にも事務配分の特例はあるが、人口規模が極端に大きくないという理由から、分析の対象範囲とする。

地域特性を考慮するために、変量個別効果モデルにてパネルデータ分析を行った。分析結果は以下の通りである。

変数	α	$\beta1$ LN人口	$\beta2$ LN人口2乗	$\beta3$ LN面積	$\beta4$ LN面積2乗	R2	データ数	一人当たり歳出が最少となる人口規模（単位：人）
係数	23.84378	-2.9784	0.12323	-0.23513	0.038613	0.75009	51,165	177,144
t値	17.16745	-12.3219	11.58513	-4.41559	6.913466			

---

15) 1990年度は3,264市町村あったが、平成の大合併を経て2004年度には2,554市町村となっている。

自由度修正済み決定係数は 0.75 であり、一人当たりの歳出はそのほとんどを人口と面積によって説明することができる。この推定式をもちいれば一人当たりの歳出が最小となる人口規模を計算できる。推定式を ln 人口で偏微分すれば 17 万 7144 人が一人当たりの歳出が最小となる人口規模と計算された。

図 2-1 は被説明変数である一人当たりの歳出を縦軸にして、基礎的自治体の人口規模を横軸にしたグラフである。丸で囲われている範囲が、最小コスト人口規模 17.7 万人付近を示している。

図 2-1 には、分析結果をもちいた推定式より導き出した理論値が示されている。一人当たり歳出対数値は人口に対してゆるやかな U 字型のプロットを描く。多くの基礎的自治体は一人当たり歳出が高いところに属しており、特に 1 万人以下の小規模な基礎的自治体の一人当たり歳出は際だって高い。

4.2　基礎的自治体の将来財政シミュレーション

本節では、将来推計人口をもちいて基礎的自治体の将来財政シミュレーションを行う。2005 年の国勢調査で日本の総人口が 2004 年 10 月 1 日時点

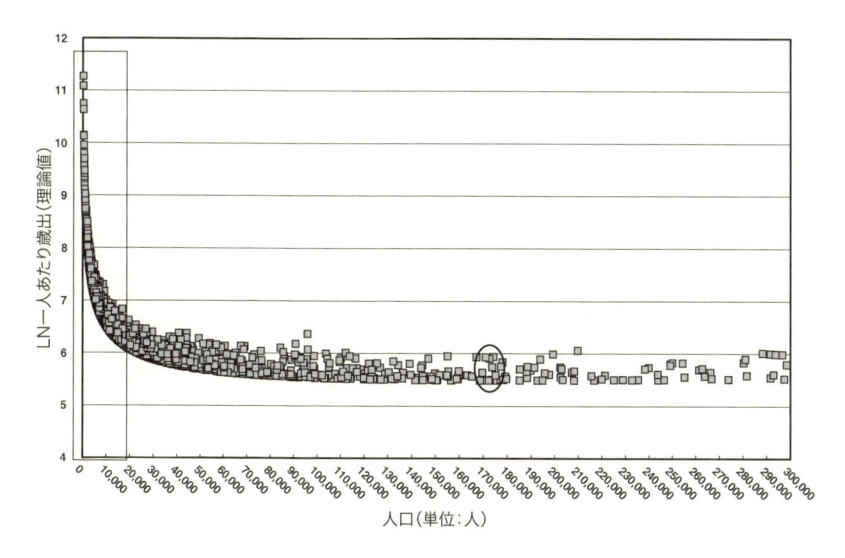

図 2-1　2004 年度における人口と一人当たりの理論値歳出

の推計人口に比べて約2万人減少したことがわかった。

図2-2は1920年から2050年にかけての総人口グラフである。国立社会保障・人口問題研究所の推計によると、2050年には、生産年齢人口（15歳-64歳）が3000万人減少し、高齢化率は35.7%に達する見込みである[16]。

また、今回の国勢調査では、都道府県の約7割が人口減少に転じたことがわかった。

首都圏、3大都市圏を除くすべての地域で人口減少は始まっている。そのなかでも地方において人口減少は、今に始まったものではなく状況は厳しい。

そこで、本節では将来の基礎的自治体の財政シミュレーションを行う。これより、将来の状況の把握、そして将来の財政状況が厳しくなってからの対策ではなく、今からできる改革のための政策インプリケーションを導きたい。

回帰式は、前節において導き出したモデル、分析結果をもちいる。

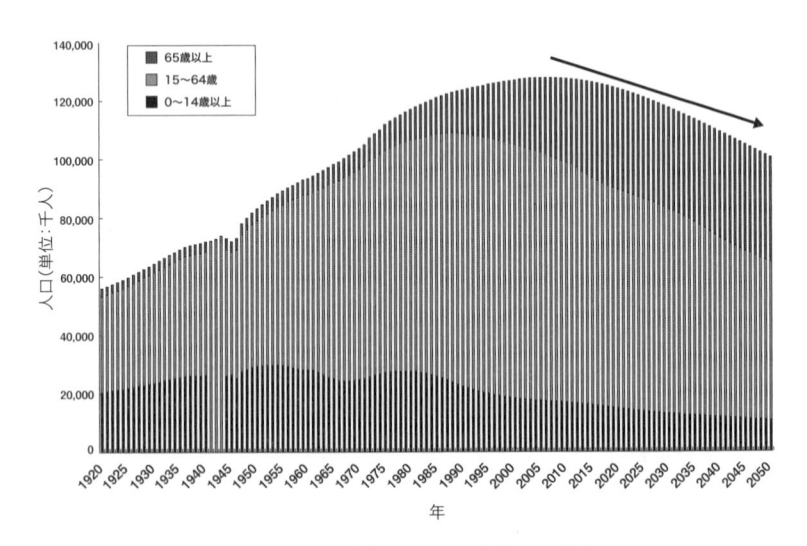

図2-2　1920年〜2050年総人口グラフ

（出所）総務省Webサイト
　　　　国立社会保障・人口問題研究所［2005］『日本の市区町村別将来推計人口』より作成。

---

16) 国立人口問題・社会保障研究所の出生中位（死亡中位）推計の場合。

ln 一人当たりの歳出の理論値
= 23.8437−2.978 ln 人口 + 0.123 ln 人口 ^{2} + 0.2351 ln 面積 + 0.0386 ln 面積 ^{2}
　　(17.167)　(−12.322)　　(11.585)　　　(−4.415)　　　　(6.913)

市町村別の将来推計人口は、国立社会保障・人口問題研究所『日本の市区町村別将来推計人口』をもちいる。

表2-7は2015年度、2030年度において、2004年度を基準とした一人当たりの歳出の変化率の大きいものから5市町村を並べた。

一人当たり歳出を基準に2004年度基準の変化率によってあらわしている。分析結果からは、小規模な自治体ほど人口減少の影響を強く受けていることが伺える。

また、これらの基礎的自治体は人口構成率から高齢化がより一層進むこと

表2-7　将来シミュレーションによる変化率の大きい市町村

2015年度

	団体名	2004年度住民基本台帳搭載人口（単位：人）	2015年度推計人口（単位：人）	2004年度一人当たりの歳出理論値（単位：千円）	2015年度一人当たりの歳出理論値（単位：千円）	2004年度と2015年度の変化率
1	東栄町	4,565	1,001	1,422	7,419	5.2
2	大山町	19,521	5,674	532	1,256	2.4
3	身延町	17,056	6,342	626	1,249	2.0
4	上野町	1,539	886	4,650	9,211	2.0
5	知夫村	744	455	9,770	19,538	2.0

2030年度

	団体名	2004年度住民基本台帳搭載人口（単位：人）	2030年度推計人口（単位：人）	2004年度一人当たりの歳出理論値（単位：千円）	2030年度一人当たりの歳出理論値（単位：千円）	2004年度と2030年度の変化率
1	東栄町	4,565	648	1,422	13,224	9.3
2	知夫村	744	248	9,770	49,892	5.1
3	上野町	1,539	522	4,650	19,022	4.1
4	大山町	19,521	4,666	532	1,489	2.8
5	身延町	17,056	4,700	626	1,614	2.6

が明らかである。本章では、歳出総額のみを扱っているため、高齢化や少子化の影響を計る事ができない。しかし、高齢化により福祉費や介護保険費に影響があるため、実際は本章で得られた歳出よりも高額になるのではないかと推測できる。

　2030年度まであと20年あまりである。今と同じ体制で、同じ行政を行えば、このシミュレーションのような厳しい状況を招く。そのため、基礎的自治体の規模が適正であることが望ましいであろう。

4.3　安定的な基礎的自治体の人口規模

　図2-3では、横軸に2004年度の人口規模をとり、縦軸に2004年度と2030年度の理論値の歳出増加率（歳出指数）をとったグラフである。すなわち、2004年度における人口規模が2030年度の歳出にどれだけ影響を与えるのかを図示することで、歳出が安定する規模を示すものである。

　前節にて、最小コスト人口規模は約18万人という結果が導かれたが、その18万人前後も含め、約10万人以上の人口規模の基礎的自治体においては歳出にほとんど影響のない安定的な財政をもっていることがわかる。

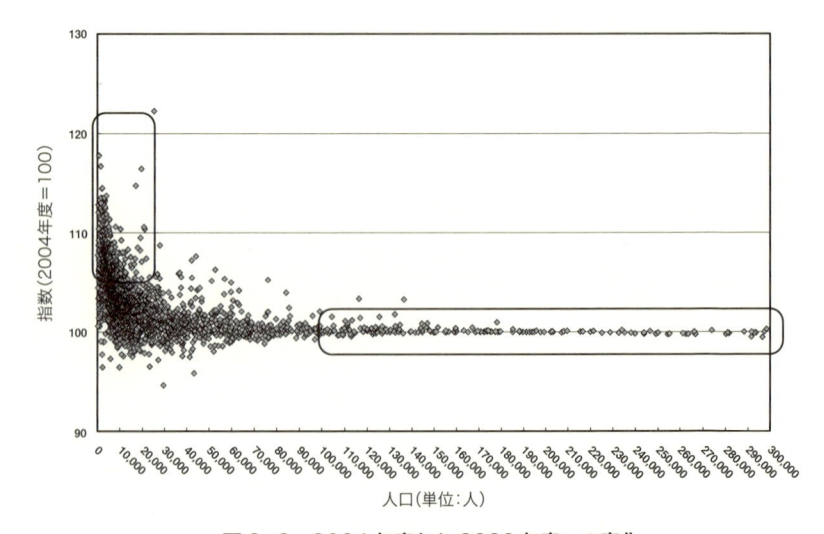

図2-3　2004年度から2030年度への変化

人口減少が始まるなかでも安定的な財政をもつことが、地方分権の受け皿としての基礎的自治体においても、基本である。

本節では、財政面から見た基礎的自治体における最小コスト人口規模、そして将来シミュレーションから基礎的自治体にはある一定の規模が必要であることを改めて確認することができた。

今後、人口減少が進み、基礎的自治体の財政は厳しいものとなる。しかし、地域住民にとって必要な行政サービスは何なのか、基礎的自治体の選好により地域住民の福祉は最大化できる。また、地域住民は受益と負担の関係をしっかり考え、自分たちにとって必要な行政サービスを選好する義務がある。行政にとっても、住民にとっても今が転換期といえる。

5　むすび

本章は、2つの特徴を有する。第一に、基礎的自治体にはある程度の規模が必要であることを明らかにした。第二に、歳出規模の適正化という観点から、どのくらいの人口規模が基礎的自治体に適しているのかを探り、人口規模による歳出の格差の実態を明らかにした。

地方分権の受け皿、過去に行われた基礎的自治体の再編、現状の基礎的自治体の行財政から基礎的自治体にはある程度の規模が必要であるということを主張した。

人がよりよく生きるために、その意思を地域に反映させ、基礎的自治体は適切な行政サービスを提供する。これが地方自治であり、地方分権によって可能となる。地方分権は、地方自治体にとって決して甘いものではない。権限がある以上、地方自治体として「最小の経費で最大の効果を挙げる」という住民への責任を果たすことが求められる。一人当たり歳出を最小にし、効率化した行政サービスをするためにも、基礎的自治体はある程度の人口規模を備える必要がある。

地方分権の推進に伴い、市町村合併の必要性が認識されるようになった。わが国は、過去に2度市町村大合併を経験している。いずれの市町村合併も時代の変革期に行われている。明治の大合併は、近代国家形成のための合

併であり、昭和の大合併は先進国へのキャッチアップのための大合併といえる。そして、今回の平成の大合併は、地方分権、そして人口減少など社会環境の変化に対応するための大合併である。

平成の大合併には推進派、反対派とさまざまな議論が存在する。しかし、両者に共通する議論は地方分権の推進である。地方分権の実現のためには基礎的自治体はある程度の規模を備える必要がある。

また、現存する基礎的自治体は1,817市町村（2006年10月1日時点）である。人口、人口構成、面積、地理、気候、地域特性などさまざまであるが、基礎的自治体が担うべき行政事務には変わりはない。しかし、小規模な基礎的自治体ではそれらの行政事務を単独で行うことができず、一部事務組合や広域連合により他の基礎的自治体と共同で行政事務を行っている。また、財政面を分析すると、小規模な基礎的自治体では一人当たりの歳出が極めて高い、高コスト体質であることがわかった。このように、現状でさえ基礎的自治体としての機能を果しているといえない基礎的自治体が存在する。

地方分権により、基礎的自治体は自己決定、自己責任のもとで行政サービスを行うことになれば、基礎的自治体の規模は一層重要であるということを本章で指摘した。

次に、歳出規模の適正化という観点から基礎的自治体の最小コスト規模の分析を行った。基礎的自治体の財政と人口の相関関係についてパネルデータ分析より、一人当たり歳出が最小となる人口規模を算出した。そして、17万7144人という結果を導いた。この分析結果をグラフにすると、一人当たり歳出対数値は人口に対してゆるやかなU字型のプロットを描き、多くの基礎的自治体は一人当たり歳出が高いところに属していることがわかった。

人口減少社会の到来により基礎的自治体の財政変化をみるシミュレーションでは、現在小規模な自治体ほど人口減少が影響し、一人当たり歳出は高くなる傾向が見られた。また、このような自治体は高齢化が進んでいることが国立人口問題研究所の将来人口推計より算出されている。そのため、高齢化に伴って増える歳出の増加はとめられない。また、高齢化を支える生産年齢人口も減少することも推定されているため、歳入面においても生産年齢人口の負担が増加せざるを得ないことは明らかである。

これらの分析より、基礎的自治体が住民に行政事務を提供するために、ある一定の規模を備える必要性がある。また、一定の規模を備えていないと一人当たり歳出が高い、すなわち行政事務は高コスト体質になることがわかった。地方自治法第2条「地方公共団体は、その事務を処理するに当たっては、住民の福祉の増進に努めるとともに、最小の経費で最大の効果を挙げるようにしなければならない。」とあるように、基礎的自治体には最小の経費で最大の効果をあげるという義務がある。そのためにも、基礎的自治体の規模は重要といえる。

　本章では、最小コスト人口規模を17万7144人という結果を導いた。しかし、全国の基礎的自治体を約18万にすればいいと言うことを主張したいのではない。合併が推進されるなか、基礎的自治体の規模の話は等閑にされたままであった。そのため、最小コスト人口規模の分析により、一つの目安となる数値を示した。

　本章で主張したいことは、基礎的自治体はある程度の規模を備える必要性があるということ、そして高コストの基礎的自治体は、地域にあった行政や、住民、自治体の努力によって歳出の削減など今以上の努力をする必要がある。

　また、合併を望んでいても周辺自治体が合併に反対である地域、離島などで合併のメリットを享受できない地域もある。このような基礎的自治体にはどのような措置が必要なのであろうか。

　第27次地方制度調査会において西尾勝副会長より、「一定の人口規模未満の基礎的自治体は法令上義務とされている事務の一部を処理し、通常の基礎的自治体に義務付けられた事務のうち当該団体に義務付けられた事務以外は都道府県が当該事務を行う」という、実質上の一部自治権の返上といえる提案が出された。

　基礎的自治体の機能を全うできていない基礎的自治体については、基礎的自治体としての機能を果たすためにも、さまざまな措置をとることを考えなければならない。また、そのような基礎的自治体については、基礎的自治体としての存在自体を考えていく必要も出てきた。これらのことは十分議論するべきであり、これらを今後の課題としてむすびとする。

第3章

自治体間の住民負担格差と財政調整

1 はじめに

　地方財政における地方交付税の目的の一つは、地方自治体間の財源の偏在を是正する財政調整機能にある。地方財政の場合、環境や人口構成などにより公共サービスの供給コストに差が生じる。そのため、地方交付税による自治体間格差の是正は、財政調整と同時に、どの地域においても一定の行政サービスが提供できるような財源保障により行われている。

　近年、地方財政の歳入純決算額は、地方税の増収や地方交付税算定の見直しの結果、減少した[17]。

　また、2000年地方分権一括法が施行され、国と地方の役割分担が明確化された。このことが、地方分権への拍車となった。地方分権の達成のためには、地方自治という観点から財政においても自立を目指していかなければならないとされ、地方交付税に関する様々な議論がされてきた。他方では、財政力格差をはじめとした自治体間格差が問題とされ、自治体間格差是正を強くするべきであるという議論もされている。

　近年の歳出削減や三位一体の改革による地方交付税の削減により、地方交付税による財政調整機能はどのようになったのか。本章の目的は、地方交付税がもつ財政調整によって地方公共サービスの住民負担がどれだけ平準化されているか、地域間の財政調整機能を客観的に分析することである。

　本章の構成は以下の通りである。2節では既存研究を紹介し、本章の貢献

---

17) 2001年度には20.3兆円であった地方交付税額は、2005年度には16.9兆円になった。

について述べる。3節では、分析方法とデータについて説明する。4節は地方交付税の計測を行い、最後に5節では、本章で得られた結果をまとめ、今後の課題について述べることでむすびとする。

2 既存研究と本章

地方交付税の財政調整に関する数量分析には、貝塚他［1987］、赤井・佐藤・山下［2003］、高林［2005］などがあげられる。

貝塚他［1987］は、1972年度と1983年度の200都市のサンプルデータよりタイル尺度をもちいた財政調整機能の分析を行っている。一般財源の不平等度の要因分解や、一般財源を人口規模グループに分けての寄与度分解などの分析をしている。これらの分析より、地方税収は地方間で平準化が進んでいることや、地方交付税交付後の一般財源は平準化しており、地方交付税による財政調整機能が有効に作用していることや、人口規模による差異などが指摘された。

赤井・佐藤・山下［2003］では、1980年度から2000年度までの都道府県、市町村を対象として、一人当たり地方税と一人当たり地方税＋交付税を変動係数により水平的財政力調整について分析を行っており、地方交付税配分後の変動係数は縮小しており、水平的財政力格差の是正がされているという結果を導いた。また、地方交付税は水平的財政力格差を埋め合わせるだけでなく、財政力の低い地方自治体をより豊かにしているとも指摘している。

高林［2005］は、1977年度から2000年度の全市町村を対象として変動係数、キング尺度とタイル尺度をもちいて財政調整効果を分析している。1977年度から2000年度における一人当たり地方税、一人当たり一般財源の変動係数の推移や、キング尺度、タイル尺度分析より、90年代以降に地方税と一般財源の変動係数や、不平等度が逆転している結果が得られ、これは財政調整が強力なためであるという見解が示された。

既存研究では、さまざまな不平等尺度をもちいて地方交付税の財政調整効果の分析がされている。しかし、既存研究では総額でしか分析がなされていない。総額での分析では、経費ごとの不平等度、個々の経費が総額に与える

影響を見ることはできない。そこで本章では、個々の経費における地方交付税の財政調整を計測することで、個々の経費が地方交付税の不平等尺度にどのような影響を及ぼしているのか分析する。

また、地方自治体を人口規模グループに分け、人口規模全体にどのような影響を与えるか、人口規模による違いも計測する。貝塚他［1987］は、一般財源を人口規模グループに分けての寄与度分解を行っているが、200都市に限定されたサンプルデータを使っている。本章では、全市町村を対象に分析する。

3　分析手法とデータ

本章では、地方交付税による財政調整機能の評価を、財政調整前財源と財政調整後財源分布の程度の比較と、地方交付税が配分されることで財政調整後財源の順位にどのような変化をもたらすかを分析する。また、個々の経費が総額の不平等度にどのように影響するか、それらの要因を分析する。計測方法として、キング尺度とタイル尺度をもちいて分析する。

キング尺度は、垂直的公平と水平的公平を同時に考慮した再分配効果を分析することができる不平等尺度の一つである。垂直的公平は、財政調整前財源と財政調整後財源を比較して、どのくらい平等であるかどうかで評価する。水平的公平は、財政調整前に財源の少ない地域が財政調整後には財源の豊かな地域より豊かになれば公平を損なっていると考える。そのため、調整前財源の順位が財政調整によりどのような変動をするか、財政調整後の財源の順位との差によって測定する[18]。

また、キング尺度によれば垂直的公平と水平的公平を同時に考慮したときの値や、垂直的公平、水平的公平のそれぞれの値を比較することで、不平等度に対してどちらがより影響しているかを測ることができる。キング尺度の計測式は資料を参照されたい。

タイル尺度は、ある集団における不平等度を構成要素ごとに分解でき、そ

18）マスグレイブによる水平的公平は「等しい人の等しい取り扱い」を指し、同じ経済状態にある人は、課税において等しく取り扱うことを意味する。

の寄与の程度を測ることができる。本章では、財政調整後財源の地方税＋地方交付税の不平等度がどの経費の要因により変動するか分析する。また、各人口規模のグループが全体にどのぐらい寄与するかの要因を分析する。タイル尺度の計測式は資料を参照されたい。

本章では、財政調整前財源を地方税収、財政調整後財源を地方税収に地方交付税収を加えた収入とする。データについては、地方税額、地方交付税額、市町村人口は総務省『2005年度市町村別決算状況調』、個別経費の一般財源充当額は総務省『2005年度決算データ』「歳出内訳及び財源内訳」をもちいた。

個別の経費に関して分析を行うためには、各経費における地方税収、地方交付税収の財源データが必要である。しかし、各経費における地方税収、地方交付税収の公表されているデータはない。そのため、歳入の一般財源に占める地方税比率、交付税比率の割合を、各経費の一般財源に乗じて算出した。各市町村において各経費の歳出額は異なり、それぞれの経費の歳出の割合は市町村によって異なる。そのため、各経費に歳出総額に占める地方税比率、交付税比率を按分しても、歳出総額と同様の結果とはならない。

4 不平等度の分析結果

4.1 キング尺度による不平等度の測定

2005年度の各経費の総額と各経費における財政調整前財源（地方税収）と、財政調整後財源（地方税収＋地方交付税収）のキング尺度を計測した。それぞれの財源は、一人当たり地方税収、一人当たり地方税収＋地方交付税収として分析をしている。キング尺度による不平等度指数の計測結果は表3-1、図3-1に示した。

キング尺度は、0から1の範囲にあり、値が小さいほど分配が平等に近づくことを示している。キング尺度による不平等度指数は2つのパラメータ、ηとεが作用する。パラメータηは水平的公平の重視、パラメータεは垂直的公平の重視するウエイトである。

パラメータη（水平的公平の重視する程度）は、再分配前と再分配後の順

位の変動をどのようにとらえるかのウエイトである。パラメータ η が小さければ再分配前と再分配後の順位の変動が不平等尺度に与える影響は小さく、パラメータ η が大きければ不平等尺度に与える再分配前と再分配後の順位変動の影響は大きいことを示す。

パラメータ ε （垂直的公平の重視する程度）は、どの収入の変化を重視するかを表すウエイトとなる。ここでは、パラメータ ε が0から増大するにつれて社会厚生評価が地方税収入の小さい地方自治体に重きを置いていることを意味している[19]。

表3-1はキング尺度による総額における財政調整前（地方税）と財政調整後（地方税＋地方交付税）の不平等度の測定結果である。

表3-1 キング尺度による不平等度（総額）

ε \ η	地方税	地方税＋地方交付税				
		0	0.5	1	2	5
0	0.0000	0.0000	0.1865	0.3270	0.5172	0.7591
0.5	0.0498	0.0618	0.2357	0.3725	0.5674	0.8320
1	0.0907	0.1120	0.2762	0.4100	0.6080	0.8850
2	0.1561	0.1836	0.3370	0.4685	0.6711	0.9400
5	0.2951	0.2952	0.4469	0.5826	0.7792	0.9741

第1列目は垂直的公平を重視するパラメータ ε のウエイトであり、第2行目は水平的公平を重視するパラメータ η のウエイトを示す。

第2列目は財政調整前の地方税のキング尺度である。財政調整後財源は考慮する必要がないため、地方税におけるアトキンソン尺度に一致する[20]。第3列目は財政調整後の地方税＋地方交付税の垂直的公平のみに注目したキング尺度の結果である。先と同様に水平的公平を無視しているため、アトキ

---

19) それぞれのパラメータ η 、パラメータ ε の意義は King, M. A [1983] において、このように示されている。
20) アトキンソン尺度は、社会的厚生関数の不平等回避度のパラメータ ε を変化させることで、低所得者のおかれる相対的位置を加味して、不平等の評価を行っている。キング尺度は、このアトキンソン尺度に水平的公平を考慮するパラメータ η の双方から不平等度を評価している。

ンソン尺度に一致する。第2列目と第3列目を比較することにより、水平的公平を無視した場合の、財政調整前財源と財政調整後財源の垂直的公平による不平等度を比較できる。

表3-1の結果では、財政調整前財源である地方税と財政調整後財源の地方税＋地方交付税では、垂直的公平の不平等度は、財政調整前のほうがやや小さい値である。地方税の方が地域間のバラツキが小さいことを意味する。

地方交付税の配分により不平等度が高まるという結果には、やや疑問をもたれるかもしれない。既存研究である高林［2005］においても、キング尺度にて同様の結果が得られている。高林［2005］によると、1992年度を境に地方税収と一般財源の自治体間格差が逆転し、一般財源の自治体間格差が大きくなっている。これは、財政調整が機能していないのではなく、財政調整が強力であるためこのようなことがおこっていると解釈される。このことは、本章においても同様の解釈ができる。また、本章でのキング尺度の分析は一人当たり地方税と一人当たり地方税＋地方交付税の人的要因しか考慮されていなく、面積、行政コストの要因は入っていない。そのため、地方交付税の配分後における不平等度が高い結果が示されたとも考えられる。

次に、第3行目は財政調整後の地方税収入＋地方交付税収入による水平的公平のみに注目したキング尺度の計測結果である。財政調整前財源と財政調整後財源の順位の変化を知ることができる。水平的公平の不平等度は0.1865から0.7591の値を示している。第3列目の水平的公平を無視した場合は、0.06181から0.2951の値を示すことから、水平的公平の不平等度は高い値を示していると言える。水平的公平の不平等度の高さは、地方交付税は地方自治体間でかなり差をつけながら配分されているため、財政調整前と財政調整後の順位が大幅に逆転していることを意味している。

垂直的公平と水平的公平を同時に考慮した値を考察すると、パラメータ η の値の変化がパラメータ ε の値の変化よりも不平等度の変化に大きな影響を与えていることが見られる。総額での地方交付税は垂直的公平が保たれている一方、水平的公平は考慮されていない。このキング尺度の結果における財政調整効果の改善を期待するには、水平的公平の要因が貢献するということが言える。

図3-1は各経費によるキング尺度の結果をまとめたものである。パラメータε、パラメータηはウエイトが影響しない値の結果を示した。垂直的公平のみを考慮した場合は（$\varepsilon=1$　$\eta=0$）、水平的公平のみを考慮した場合は（$\varepsilon=0$　$\eta=1$）、垂直的公平と水平的公平の双方を考慮した場合は（$\varepsilon=1$　$\eta=1$）のキング尺度の計測結果を示した。

財政調整前財源と財政調整後財源を比較すると、人件費、普通建設事業費（補助事業費）は総額同様に財政調整後財源の方が大きい値を示した。図3-1からは2点の特徴を挙げることができる。まず、1点目には総額と人件費はほとんど同様の値を示している。2点目に、財政調整後の垂直的公平と水平的公平を比較すると普通建設事業費（単独事業費）と普通建設事業費（補助事業費）を除いて、水平的公平の値がかなり高くなり、垂直的公平と水平的公平の双方を考慮すると、すべての値において垂直的公平の値も大きい。これは、財政調整前と財政調整後の順位逆転が大幅であることが要因である。そのため、この財政調整による実際の順位変動の変動を示した。

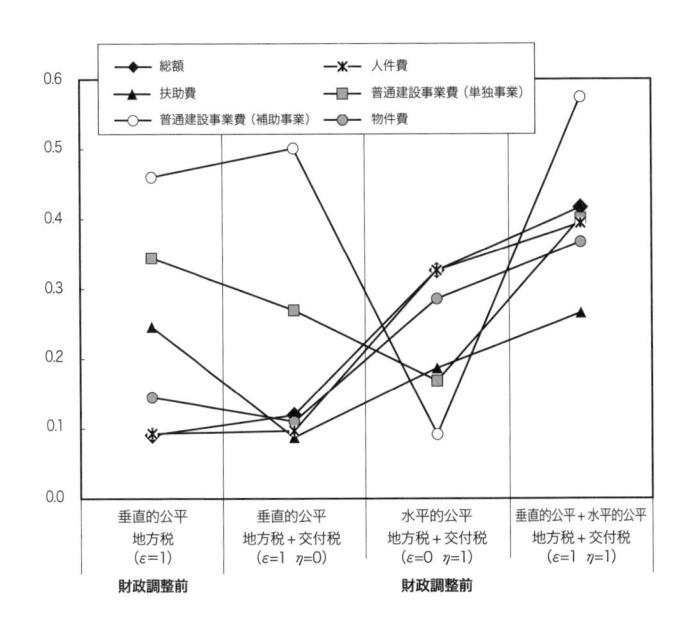

図3-1　各経費のキング尺度の推計結果

図3-2は市町村人口規模グループ別の財政調整における順位変動を示したグラフである。縦軸には、財政調整前の順位から財政調整後の順位を引いた順位変動を示した。順位は、人口規模グループを構成するそれぞれの市町村の順位を平均化した値をとっている。横軸には市町村の人口規模を示した。市町村の人口規模は、『地方財政白書（平成19年版）』にてもちいられている団体規模別のグループと同様である。大都市（政令指定都市）、中核市、特例市、中都市（政令指定都市、中核市、特例市以外の人口10万人以上の市）、小都市（人口10万人以下の市）、町村（1万人以上）、町村（1万人以下）の7分類に分けられている。

　人口規模が小さい地域ほど、財政調整前財源と財政調整後財源の順位変動が大きい。各経費により順位変動の差はあるものの、同様の傾向を示している。財政調整後財源の順位が財政調整前財源の順位を上回っているのは1万人以下の町村のみであり、それ以外の人口規模グループは財政調整後の順位が下がっている。

　また、財政調整前財源と財政調整後財源の順位変動が実際にどのぐらい変

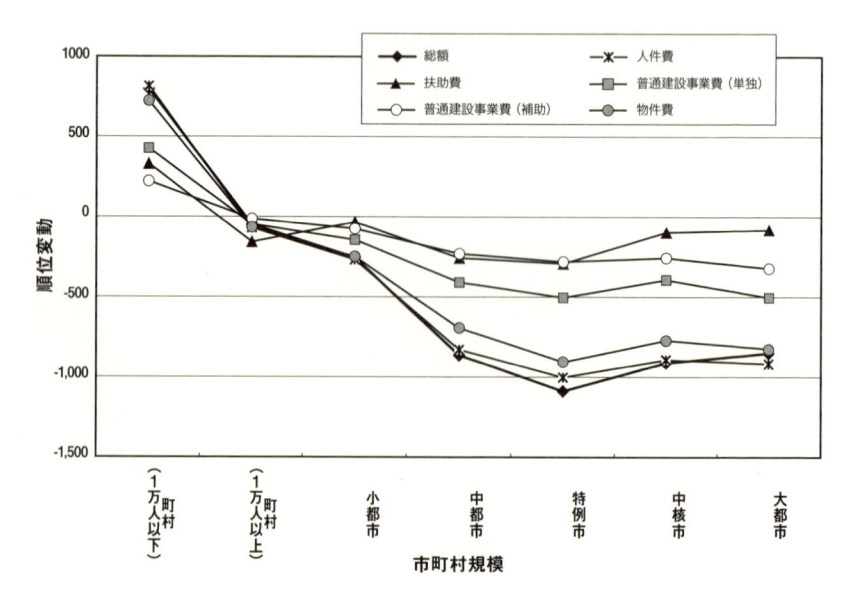

図3-2　市町村人口規模グループ別の財政調整における順位変動

化していたか、表3-2にまとめた。市町村数が約1,800と多いことから、総額における順位が上がったところを上位5市町村として、順位が下がったところを下位5市町村として計10市町村を抽出した。

人口規模グループ別の順位変動からも、人口規模の小さな地方自治体が全体の不平等度に寄与している可能性があることいえる。また、キング尺度の結果と同様に、総額と人件費はほとんど同じ線を描いている。これは、人件費が総額に与える影響が強いことを示唆する。

これまでのキング尺度では、経費ごとの不平等尺度、財政調整前財源と財政調整後財源の順位変動を分析することができた。しかし、これらの分析からは、人口規模や各経費が地方交付税の財政調整にどのような働きをしているのか知ることができない。そのため、タイル尺度をもちいて、人口規模が地方交付税の財政調整にどのように寄与していくか、地方税や地方交付税にそれらを構成している各経費が与える影響を測定する。

表3-2 財政調整における順位変動

順位		市町村	財政調整前財源順位→財政調整後財源順位				
			総額	人件費	扶助費	普通建設事業費(単独)	普通建設事業費(補助)	物件費
上位	1	朝霞市	1514 → 95	1204 → 28	1951 → 1126	1713 → 1358	1462 → 1038	1740 → 1185
	1	秦野市	1495 → 76	1612 → 307	1709 → 1334	1633 → 1096	693 → 511	1263 → 63
	3	春日井市	1491 → 73	1274 → 39	1728 → 1407	1540 → 842	1335 → 887	1571 → 448
	4	所沢市	1485 → 68	1683 → 526	1726 → 1398	1453 → 665	1421 → 987	1579 → 465
	5	川口市	1515 → 100	1492 → 163	1675 → 1407	1542 → 846	1788 → 1650	1708 → 964
下位	1	大和村	13 → 1787	22 → 1799	69 → 1661	279 → 1722	591 → 1598	82 → 1790
	2	芦川村	15 → 1785	169 → 1812	3 → 138	205 → 1675	145 → 692	208 → 1802
	3	清内路村	23 → 1788	6 → 1767	59 → 1541	2 → 22	2447 → 104	108 → 1786
	4	昭和村	7 → 1759	13 → 1768	169 → 1692	64 → 1113	447 → 1433	7 → 1667
	5	伊平屋村	17 → 1731	33 → 1757	9 → 195	7 → 30	1171 → 1751	245 → 1771

4.2 タイル尺度による不平等度の測定

表3-3は全体の財政調整後財源(地方税収＋地方交付税収)を各人口規模における財政調整後財源の総和とし、どの人口規模が全体に影響を与える要因となるのか、人口規模の財政調整への寄与をタイル尺度で示した。

表3-3 タイル尺度の人口規模グループ別寄与度

	サンプル数	準タイル尺度	ウエイト	寄与度	ウエイト平均値
町村(1万人以下)	495	**0.0858**	0.4271	**0.03666**	**0.00086**
町村(1万人以上)	549	0.0437	0.2533	**0.01106**	0.00046
小都市	514	0.0216	0.2219	0.00480	0.00043
中都市	173	0.0124	0.0643	0.00080	0.00037
特例市	39	0.0059	0.0137	0.00008	0.00035
中核市	37	0.0065	0.0140	0.00009	0.00038
大都市	14	0.0076	0.0058	0.00004	0.00041
全体	1821		1	0.05352	
グループ間		0.0573		0.05730	
全サンプルタイル尺度		**0.1109**		0.11090	

タイル尺度は、各人口グループの不平等度を表しており、値が小さいほどより平等であるといえる。そのタイル尺度にウエイトを乗じたのが全体への寄与度となる。ウエイトは、同グループの一人当たり地方税＋地方交付税の総和を全体の総和で除算したものであり、そのウエイトをサンプル数で除算したのがウエイトの平均値である。

タイル尺度は、人口規模が小さいほど高く、人口規模が大きくなるにつれて逓減していく。地方交付税による財政調整があるにもかかわらず、1万人以下の町村では、グループ内における不平等度は高い。

タイル尺度の結果を寄与度で見ると、1万人以下の町村の寄与度は相対的に飛び抜けて高くなっている。1万人以下の町村の寄与度が高くなるのは、サンプル数も多いためとも考えられる。しかし、ウエイトの平均値も高いことから、1万人以下の町村グループを構成する地方自治体がそれぞれ高いウ

エイトをもっているのがわかる。

　このタイル尺度の人口規模グループ別寄与度より、人口規模の小さい地方自治体が全体の不平等度に寄与していることが言える[21]。

　次に、表3-4は総額を構成する各経費が総額に寄与する程度を要因分解した。準タイル尺度にウエイトを乗じたものが寄与度である。準タイル尺度は正の値が不平等化に、負の値が平等化へと作用する。準タイル尺度はその性質からマイナスの値をとりうる。

表3-4　総額（地方税＋地方交付税）のタイル尺度における各経費の寄与度

		準タイル尺度	ウエイト	寄与度	タイル尺度
地方税	人件費	-0.1024	0.1349	-0.0138	0.1109
	扶助費	-0.2344	0.0228	-0.0054	
	単独事業費	-0.0047	0.0348	-0.0002	
	補助事業費	-0.0104	0.0037	-0.00004	
	物件費	-0.0817	0.0715	-0.0058	
	その他	-0.0538	0.1633	-0.0088	
地方交付税	人件費	0.2436	0.1854	0.0452	
	扶助費	0.045	0.0218	0.001	
	単独事業費	0.3164	0.039	0.0123	
	物件費	0.2645	0.0909	0.024	
	その他	0.2656	0.2266	0.0602	

　各経費の総額を地方税と地方交付税に分解し要因分析をすると、地方税の準タイル尺度の方が地方交付税の準タイル尺度より小さい。地方税の不平等度の方が地方交付税と比較して相対的に小さい。そのため、各経費の総額を、各経費の地方税と各経費の地方交付税で構成する形で要因分解した。表3-4では、不平等度の低い地方税は全体の不平等度を上げる要因を持っている。

21）市町村合併による合併補正は考慮していない。また、合併算定替があるため地方交付税額は本来よりも過度に配分されている地方自治体もあると考えられる。

まず、地方税を見ると扶助費、物件費は寄与度がマイナスに高い値をとっている。一方、人件費は地方税の中では相対的に寄与度が高い値を示している[22]。

地方交付税では、扶助費は地方税の扶助費と同様に低い値である。人件費はかなり寄与度が高く、総額の不平等度に寄与している。他の経費と比較してかなり高い値をしめしている。図3-1、図3-2で人件費が総額の不平等度を上げる要因となっている可能性を指摘したが、総額の構成要素の分解より、人件費が総額の不平等度を引き上げる要因であることが示された。

5　むすび

本章では、近年の歳出削減や三位一体の改革による地方交付税の削減により、地方交付税がもつ財政調整によって地方公共サービスの住民負担がどれだけ平準化されているか、地域間の財政調整機能を個々の経費ごとに検討した。また、人口規模が全体の不平等化に及ぼす要因、各経費が全体の不平等度への寄与を分析した。

本章の分析結果をまとめれば、下記のようになる。1. キング尺度による不平等度の測定では、財政調整前の財源（地方税）よりも財政調整後の財源（地方税＋地方交付税）の不平等度が高いことがわかった。そして、財政調整前財源と財政調整後財源の順位が大幅に逆転している。財政調整後の不平等度が高いのは、財政調整が機能していないのではなく、財政調整機能が強すぎる結果である。2. 経費別のキング尺度の結果では、各経費の総額と人件費はほとんど同様の値を示していること、ほとんどの経費において財政調整前と財政調整後の順位が大幅に逆転してため、水平的公平の値がかなり高くなっている。3. キング尺度で得られた結果を、タイル尺度により要因分析すると、人口規模グループ別寄与度では、人口規模の小さい地域が全体の不平等度に寄与していることがわかった。また、総額の構成要素の分解より、人件費が総額の不平等度を引き上げる要因であることが示された。

---

[22] その他の経費については、詳細な分析データがなくこれ以上の分析は行えないので考慮していない。

地方交付税により財政調整前財源の順位を大幅に上回る財政調整がなされている地方自治体があり、それは人口規模が小さい地方自治体であること、そして人件費が財政調整されていることによりおこっている可能性があることが本章より示唆できる。

　最後に、本章に残された課題について述べてむすびとする。本章では、各経費の歳入データがないため、各経費の総額に占める地方税額や地方交付税額の割合より各経費の財源を算出した。また、本章では財政調整前に財源の少ない地域が財政調整後には財源の豊かな地域より豊かになれば公平を損なっていると考え、水平的公平の分析を行っている。

　地方交付税の目的は、財政調整機能と、行政の計画的な運営が可能となるように必要な財源を保障する財源保障機能にある。そのため、基準財政需要額を決定する際、個々の経費について単位費用が定めてあるため、より精密に分析するためにはそれらを考慮して個々の経費に関する地方交付税額を算出するべきかもしれない。基準財政需要額は、面積、そして人口規模などの事情を考慮して設定されている。本章においては、そのような事情は考慮していない。そのため、これら点については、今後の課題としたい。

資料　キング尺度、タイル尺度の測定方法

1　キング尺度

キング尺度は、垂直的公平と水平的公平を同時に考慮した再分配効果を分析することができる不平等尺度の一つである。キング尺度は以下の式で表される。

i：第 i 番目の市町村
η：水平的公平を重視する程度
ε：垂直的公平を重視する程度
C_i：財政調整による順位の変化を示す指標

$$C_i = \frac{|\bar{r}_i - r_i|}{N-1}$$

$\bar{r}_i$：財政調整前の財源（地方税）の順位
r_i：財政調整後の財源（地方税＋地方交付税）の順位
y_i：財政調整後の財源（地方税＋地方交付税）
　　　地方税の分析では、財政調整前財源（地方税）
　　　＊財源は一人当たり数値＊
y：y_i の平均
N：サンプル数

① $\eta \neq 0$、$\varepsilon \neq 0$ のとき

$$I = 1.0 - \left[\frac{1}{N}\sum_{i=1}^{N}\left\{\frac{y_i}{y} \cdot \exp(-\eta C_i)\right\}^{(1.0-\varepsilon)}\right]^{\{1/(1-\varepsilon)\}}$$

ただし、$\varepsilon = 1.0$ のとき

$$I = 1.0 - \left[\frac{1}{N}\sum_{i=1}^{N}\left\{\ln\left(\frac{y_i}{y}\right) - \eta C_i\right\}\right]$$

② $\eta = 0$、$\varepsilon \neq 0$ のとき

$$I = 1.0 - \left\{\frac{1}{N}\sum_{i=1}^{N}\left(\frac{y_i}{y}\right)^{(1.0-\varepsilon)}\right\}^{\{1/(1-\varepsilon)\}}$$

ただし、$\varepsilon = 0$のとき

$$I = 1.0 - \exp\left[\frac{1}{N}\sum_{i=1}^{N}\left\{\ln\left(\frac{y_i}{y}\right)\right\}\right]$$

③ $\varepsilon = 0$のとき

$$I = 1.0 - \left[\frac{1}{N}\sum_{i=1}^{N}\left\{\ln\left(\frac{y_i}{y} \cdot \exp(-\eta C_i)\right)\right\}\right]$$

2 タイル尺度

タイル尺度は、ある集団における不平等度を構成要素ごとに分解でき、その寄与の程度を測ることができる。タイル尺度は以下のように表せる。

$$T = \sum_{i=1}^{N} s_i \log N s_i$$

i：i番目の市町村
y_i：財政調整後財源（地方税＋地方交付税）
　　　地方税の分析では地方税
　　　地方交付税の分析では地方交付税
s_i：全体に占めるシェア

$$S_i = \frac{yi}{\sum_{i=0}^{n} yi}$$

N：サンプル数

2.1 タイル尺度のグループ別寄与度分解

◇地方税＋地方交付税が人口規模グループ別の地方税、地方交付税の合計からなるケース

本章では、大都市（政令指定都市）、中核市、特例市、中都市（政令指定都市、中核市、特例市以外の人口10万人以上の市）、小都市（人口10万人以下の市）、町村(1万人以上)、町村(1万人以下)の7つにグループ分解した。

地方税＋地方交付税の集合（$R_1,...,R_a, R_{a+1},...,R_b, R_{b+1},...,R_c,...$）について、各変数を全体のシェアの集合を（$s_1,...,s_a, s_{a+1},...,s_b, s_{b+1},...,s_c,...$）とする。さらに、人口規模ごとに、下記のようにグループを区分した。

大都市（政令指定都市）	$sA = (s_1, s_2, ..., s_a)$
中核市	$sB = (s_{a+1}, s_{a+2}, ..., s_b)$
特例市	$sC = (s_{b+1}, s_{b+2}, ..., s_c)$
中都市	$sD = (s_{c+1}, s_{c+2}, ..., s_d)$
小都市	$sE = (s_{d+1}, s_{d+2}, ..., s_e)$
町村（1万人以上）	$sF = (s_{e+1}, s_{e+2}, ..., s_f)$
町村（1万人以下）	$sG = (s_{f+1}, s_{f+2}, ..., s_g)$

各グループの平均値は $\mu A, \mu B, \mu C, \mu D, \mu E, \mu F, \mu G$ とし、各グループのタイル尺度は以下のように表せる。

$$T(sA) = \sum_{i=1}^{a} \frac{si}{a\mu A} \log \frac{si}{\mu A} \quad (3\text{-}1) \qquad T(sB) = \sum_{i=a+1}^{b} \frac{si}{b\mu B} \log \frac{si}{\mu B} \quad (3\text{-}2)$$

$$T(sC) = \sum_{i=b+1}^{c} \frac{si}{c\mu B} \log \frac{si}{\mu C} \quad (3\text{-}3) \qquad T(sD) = \sum_{i=c+1}^{d} \frac{si}{d\mu D} \log \frac{si}{\mu D} \quad (3\text{-}4)$$

$$T(sE) = \sum_{i=d+1}^{e} \frac{si}{e\mu E} \log \frac{si}{\mu E} \quad (3\text{-}5) \qquad T(sF) = \sum_{i=e+1}^{f} \frac{si}{f\mu F} \log \frac{si}{\mu F} \quad (3\text{-}6)$$

$$T(sG) = \sum_{i=f+1}^{g} \frac{si}{g\mu G} \log \frac{si}{\mu G} \quad (3\text{-}7)$$

全サンプルに関するタイル尺度 T(s) は、平均値を μ とすると、

$$T(s) = \sum_{i=1}^{N} \frac{si}{N\mu} \log \frac{si}{\mu} \quad (3\text{-}8)$$

(3-8) 式に、(3-1) 式から (3-7) 式をもちいて次のように展開できる。

$$T(s) = a\mu AT(SA) + b\mu T(SB) + c\mu CT(SC) + d\mu DT(SD) \quad (3\text{-}9)$$
$$+ e\mu ET(SE) + f\mu FT(SF) + g\mu GT(SG)$$

グループ間の不平等度を示すタイル尺度は、以下の式で示せる。

$$T(sA, sB, sC, sD, sE, sF, sG) = \log n + a\mu A \log \mu A + b\mu B \log \mu B + c\mu C \log \mu C$$
$$+ d\mu D \log \mu D + e\mu E \log \mu E + f\mu F \log \mu F + g\mu G \log \mu G$$

2.2 タイル尺度の構成要素別の寄与度分解

◇地方税＋地方交付税が各経費の構成要素の地方税、地方交付税の合計からなるケース

i 番目の都市について構成要素は次のように定義する。

総額 ＝ Ri

地方税 人件費地方税＝ PTi 扶助費地方税＝ STi

普通建設事業費（単独事業費）地方税＝ $COTi$

普通建設事業費（補助事業費）地方税＝ $CUTi$

物件費地方税＝ NTi その他地方税＝ OTi

地方交付税 人件費地方交付税＝ Pi 扶助費地方交付税＝ Si

普通建設事業費（単独事業費）地方交付税＝ COi

普通建設事業費（補助事業費）地方交付税＝ CUi

物件費地方交付税＝ Ni その他地方交付税＝ Oi

総額について以下が成立する。

$Ri = PTi + STi + COTi + NTi + OTi + Pi + Si + COi + CUi + Ni + O$　　(3-10)

各変数の平均値を $\mu_R, \mu_{PT}, \mu_{ST}, \mu_{COT}, \mu_{CUT}, \mu_{NT}, \mu_{OT}, \mu_P, \mu_S, \mu_{CO}, \mu_{CU}, \mu_N, \mu_O$ とすると、以下の式が成り立つ。

$$\mu_R, \mu_{PT}, \mu_{ST}, \mu_{COT}, \mu_{CUT}, \mu_{NT}, \mu_{OT}, \mu_P, \mu_S, \mu_{CO}, \mu_{CU}, \mu_N, \mu_O \quad (3\text{-}11)$$

総額 W のタイル尺度 $T(W)$ は次のように表せる。N はサンプル数である。

$$T = \frac{1}{N} \sum_{i=1}^{1} \left(\frac{R_i}{\mu_R}\right) \log\left(\frac{R_i}{\mu_R}\right) \quad (3\text{-}12)$$

ここで (3-10) 式に (3-11)、(3-12) を代入して次のように展開できる。

$$\begin{aligned}
T &= \frac{1}{N}\sum_{i=1}^{1}\left(\frac{PT_i+ST_i+COT_i+NT_i+OT_i+P_i+S_i+CO_i+CU_i+N_i+O_i}{\mu_I}\right)\log\left(\frac{R_i}{\mu_R}\right)\\
&= \left(\frac{\mu_{PT}}{\mu_R}\right)\underline{\frac{1}{N}\sum_{i=1}^{N}\left(\frac{PT_i}{\mu_{PT}}\right)\log\left(\frac{R_i}{\mu_R}\right)} + \left(\frac{\mu_{sT}}{\mu_R}\right)\underline{\frac{1}{N}\sum_{i=1}^{N}\left(\frac{ST_i}{\mu_{ST}}\right)\log\left(\frac{R_i}{\mu_R}\right)}\\
&+ \left(\frac{\mu_{COT}}{\mu_R}\right)\underline{\frac{1}{N}\sum_{i=1}^{N}\left(\frac{COT_i}{\mu_{COT}}\right)\log\left(\frac{R_i}{\mu_R}\right)} + \left(\frac{\mu_{CUT}}{\mu_R}\right)\underline{\frac{1}{N}\sum_{i=1}^{N}\left(\frac{CUT_i}{\mu_{CTU}}\right)\log\left(\frac{R_i}{\mu_R}\right)}\\
&+ \left(\frac{\mu_{NT}}{\mu_R}\right)\underline{\frac{1}{N}\sum_{i=1}^{N}\left(\frac{NT_i}{\mu_{NT}}\right)\log\left(\frac{R_i}{\mu_R}\right)} + \left(\frac{\mu_{OT}}{\mu_R}\right)\underline{\frac{1}{N}\sum_{i=1}^{N}\left(\frac{OT_i}{\mu_{OT}}\right)\log\left(\frac{R_i}{\mu_R}\right)}\\
&+ \left(\frac{\mu_P}{\mu_R}\right)\underline{\frac{1}{N}\sum_{i=1}^{N}\left(\frac{P_i}{\mu_P}\right)\log\left(\frac{R_i}{\mu_R}\right)} + \left(\frac{\mu_s}{\mu_R}\right)\underline{\frac{1}{N}\sum_{i=1}^{N}\left(\frac{S_i}{\mu_S}\right)\log\left(\frac{R_i}{\mu_R}\right)}\\
&+ \left(\frac{\mu_{CO}}{\mu_R}\right)\underline{\frac{1}{N}\sum_{i=1}^{N}\left(\frac{CO_i}{\mu_{CO}}\right)\log\left(\frac{R_i}{\mu_R}\right)} + \left(\frac{\mu_{CU}}{\mu_R}\right)\underline{\frac{1}{N}\sum_{i=1}^{N}\left(\frac{CU_i}{\mu_{CU}}\right)\log\left(\frac{R_i}{\mu_R}\right)}\\
&+ \left(\frac{\mu_N}{\mu_R}\right)\underline{\frac{1}{N}\sum_{i=1}^{N}\left(\frac{N_i}{\mu_N}\right)\log\left(\frac{R_i}{\mu_R}\right)} + \left(\frac{\mu_O}{\mu_R}\right)\underline{\frac{1}{N}\sum_{i=1}^{N}\left(\frac{O_i}{\mu_O}\right)\log\left(\frac{R_i}{\mu_R}\right)}
\end{aligned}$$

(3-13)

各項は、人件費、扶助費、普通建設事業費（単独事業費）、普通建設事業費（補助事業費公債費）、物件費、その他の総額の構成要素にウエイトを乗じたものである。下線部は構成要素の準タイル尺度であり、それら構成要素の和が総額のタイル尺度である。

第4章

地方自治体における基準財政需要額と歳出決算額の格差

1 はじめに

　地方財政の場合、自然的条件・社会的条件や人口構成などにより、公共サービスの水準に差が生じる。そのため、どの地域においてもナショナル・ミニマムのサービスが提供できるように、地方交付税によって地域間格差の是正がなされている。

　普通交付税は、基準財政需要額から基準財政収入額を差し引いた額であり、基準財政需要額に対して基準財政収入額が不足する地方自治体に交付される。基準財政需要額は標準的な行政サービスを提供するために見込まれる必要経費であり、公共サービスの単価である単位費用、人口や面積などの測定単位、人口規模や人口密度によるコストの差や自然環境などの補正係数より地方自治体の実態を考慮して算定される。基準財政収入額は標準的な地方税収の75％に地方譲与税を加算した額であり、標準的な地方税収の25％は留保財源となる。

　地方交付税は一般財源であるため、その用途は地方自治体の裁量による。しかしながら、基準財政需要額が標準的な行政サービスを提供するための必要経費であり、制度的に決められているならば、地方自治体の本来の裁量は留保財源にあると考えることができる。

　基準財政需要額は決算を基準として算定されてはいないため、基準財政需要額と実際の歳出決算額には差が生じることが考えられる。その差の主要な要因である留保財源の使途を計測することで、基準財政需要額と歳出決算額がどの程度のズレが生じるかを知ることができる。

　基準財政需要額は標準的な行政サービスを提供するための必要経費の計画

値であり、地方交付税の交付額を決定する際の要素である。そのため、本章では基準財政需要額と歳出決算額の関係を分析することで、標準的な行政サービスを提供するための必要経費とされる基準財政需要額が本来の目的を果たしているのか考察する。

また、三位一体改革が地方交付税に与えた影響は大きい。現象としては地方交付税が削減されてきた。そこで本章では、三位一体改革が基準財政需要額や歳出決算額にどのような影響を与えたかその変革を計測する。

本章の目的は、基準財政需要額と歳出決算額の比較により、両者の関係と留保財源の使途を明らかにし、基準財政需要額が標準的な行政サービスを提供するための必要経費という本来の目的を果たしているのか考察することにある。

本章の構成は以下のとおりである。2節では既存研究のサーベイと本章の貢献について述べる。3節では分析手法とデータを説明する。4節にて費目別の基準財政需要額と歳出決算額の一般財源部分を分析と、三位一体改革が基準財政需要額や歳出決算額に与えた影響についてその変革を計測する。そして5節において本章で得られた結果をまとめ、今後の課題について述べることでむすびとする。

2 既存研究と本章

本章と関連する既存研究は、基準財政需要額に関する実証研究である。井堀・岩本・河西・土居・山本［2006a］は基準財政需要額の算定に焦点をあてた研究である。彼らは、基準財政需要額に占める国による義務づけのある業務の比率の試算を行っている。また、基準財政需要額は人口、面積によって十分に説明できるため、複雑な現行の基準財政需要額の算定方式から人口、面積に基づいた簡素な算定式に代替可能であることを指摘した。

井堀・岩本・河西・土居・山本［2006b］では、基準財政需要額に占める国による義務づけのある義務の比率の試算を用いて、土木費・農業行政費における基準財政需要額と歳出決算額の差を比較している。そして、土木費と農業行政費のほぼすべての費目について、相当数の地方自治体において歳出

決算額が基準財政需要額に満たないという結果を得ている。

既存研究では、基準財政需要額の試算と歳出決算額の比較など、基準財政需要額についての多面的な分析がなされているが、これまで、費目別の基準財政需要額と歳出決算額を比較した分析はなされていない。既存研究による試算での分析や、単一費目だけの分析では、実際の基準財政需要額と歳出決算額がどの程度乖離しているのか、費目別に違いがあるのか見ることはできない。

そこで本章では、費目別の基準財政需要額と歳出決算額の一般財源部分を比較し、留保財源の使途を明らかにするところにオリジナリティがある。その関係から、基準財政需要額が本来の目的を果たしているのか評価する。また、基準財政需要額と歳出決算額の経年変化より三位一体の改革の影響を測る。

3　分析手法とデータ

本章では、大阪府下の市町村を分析対象とする。データを限定する最大の理由は、現時点では、費目別の基準財政需要額のデータに関して入手制約があり、大阪府下の市町村のデータしか入手できないためである。

平成の市町村合併により、1999年には約3,200市町村あったが、2008年は約1,800市町村にまで数が減少した。合併した地方自治体では、地方交付税額算定の補正係数に合併補正、合併算定替の財政措置がとられている。そのため、地方交付税額は本来よりも過度に配分されている地方自治体もあると考えられる。

このようなことから、近年における基準財政需要額と歳出決算額を比較する場合には、全市町村を対象にすることが困難となる。市町村合併による影響が、大阪府下の市町村については少ないことも、分析対象を限定する積極的な理由である。

基準財政需要額費目別内訳は、各歳出決算額の一般財源額のデータは、『月刊自治大阪別冊データ集』、人口は住民基本台帳人口を用いた。また、基準財政需要額算定項目と歳出決算項目は一致していないため、比較するには

一致させる必要がある。算定項目と決算項目は表4-1のように設定した。

表4-1 基準財政需要額算定項目と歳出決算額項目の設定

算定項目	消防費	土木費	教育費	厚生費	産業経済費	その他行政費	公債費
決算項目	消防費	土木費	教育費	民生費 衛生費	農林水産業費 商工費 労働費	議会費 総務費	公債費 災害復旧費

基準財政需要額 D と歳出決算額 C の一般財源部分の関係は以下のように計算される。歳出決算額 C の一般財源部分は地方交付税 G、地方税 T、地方譲与税 J、地方特例交付金 K、その他収入 O [23] から成りたつ。地方交付税 G は基準財政需要額 D から基準財政収入額 Y を差し引いて計算される。基準財政収入額 Y は標準地方税収 N に75％を乗じたものに地方譲与税 J、地方特例交付金 K を足したものとなる。これらを式にすると、以下のように表すことができる。

$$C = G + T + J + K + O$$
$$G = D - Y \quad (\because G > 0)$$
$$Y = 0.75N + J + K$$

ここで、地方税 T と基準財政収入額 Y における標準地方税収 N が等しいと仮定すると、歳出決算額 C と基準財政需要額 D の関係は以下の式となる。

$$if \quad N = T \quad then$$
$$C - O = D + 0.25T \quad (4-1)$$

歳出決算額 C からその他収入 O を引けば、基準財政需要額 D に留保財源 $0.25T$ を足し合わせたものとなる。添え字 i は費目を示すとしよう。歳出決算額 C は各歳出決算額 c_i の総和 $C = \sum c_i$ であり、基準財政需要額 D は費

---

23) その他収入 O は、一般財源総額より地方交付税 G、地方税 T、地方譲与税 J、地方特例交付金 K を差し引いた、使用料収入、手数料収入、財産運用収入などの合計である。

目別基準財政需要額 d_i の総和 $D = \sum d_i$ である。そのため（4-1）式より、各歳出決算額 c_i と費目別基準財政需要額 d_i の関係は以下の（4-2）式に表せる。各歳出の財源となる地方税 t_i とその他収入 o_i は、歳出決算額 C における地方税 T とその他収入 O のそれぞれの割合を各歳出決算額 c_i に乗じて求める。すなわち、$t_i = Tc_i/C$, $o_i = OC_i/C$ とする。

$$C_i - O_i = d_i + 0.25t_i \tag{4-2}$$

（4-2）式は、各歳出決算額 c_i からその他収入 o_i を引いたものが、費目別基準財政需要額 d_i に留保財源 $0.25t_i$ を足し合わせたものと一致していることを意味する。

以下では、各歳出決算額 c_i からその他収入 o_i を引いたものを各歳出決算額理論値 CR_i、費目別基準財政需要額 d_i に留保財源 $0.25t_i$ を足し合わせたものを費目別基準財政需要額理論値 DR_i と設定する。

$$CR_i = c_i - o_i \tag{4-3}$$
$$DR_i = d_i + 0.25t_i$$
$$CR_i < DR_i$$
$$CR_i > DR_i \tag{4-4}$$

ここで、（4-3）式が成り立つならば、各歳出決算額理論値 CR_i における留保財源 $0.25t_i$ は、他の歳出に使われているということを意味する。（4-4）式が成り立つならば、その費目への経費は留保財源 $0.25t_i$ 以上に多いことを意味する。

以上の計算式より、各歳出決算額理論値 CR_i と費目別基準財政需要額理論値 DR_i の比較から費目別に留保財源 $0.25t_i$ の使途を分析し、基準財政需要額と歳出決算額のズレを計測する。

4 各歳出決算額と費目別基準財政需要額の分析結果

4.1　2006年度における各歳出決算額と費目別基準財政需要額の分析結果

費目別に留保財源 $0.25t_i$ の使途を明らかにするため、2006年度における各歳出決算額理論値 CR_i と費目別基準財政需要額理論値 DR_i の比較を行った。

各歳出決算額理論値 CR_i、費目別基準財政需要額理論値 DR_i は一人当たり数値である。

表4-2は費目別基準財政需要額理論値 DR_i を基準として、各歳出決算額理論値 CR_i と比較したときの乖離率をまとめたものである[24]。費目別基準財政需要額理論値 DR_i が各歳出決算額理論値 CR_i よりも大きい場合、乖離率はプラスを示し、費目別基準財政需要額理論値 DR_i が各歳出決算額理論値 CR_i よりも小さい場合、乖離率はマイナスとなる。

乖離率の区分は、① -10％未満、② -10％〜10％、③ 10％〜20％、④ 20％以上の4段階に設定した。① -10％未満は、各歳出決算額理論値 CR_i が費目別基準財政需要額理論値 DR_i を上回る $CR_i > DR_i$ と対応する。② -10％〜10％は近似的に $CR_i \fallingdotseq DR_i$ と考えよう。ここで、$CR_i = DR_i$ では乖離率は0％となる。しかし、実際には一致する可能性はきわめて低いため、乖離率 -10％〜10％を $CR_i \fallingdotseq DR_i$ と考える。各歳出決算額理論値 CR_i が費目別基準財政需要額理論値 DR_i を下回る $CR_i < DR_i$ は、③ 10％〜20％と④ 20％以上の2区分を設定した。

表4-2において指摘できる特徴的な点は3点ある。第一に、消防費においてはほとんどの市町村において歳出決算額理論値が基準財政需要額理論値を下回っていることである。また、産業経済費においても、67％の市町村で基準財政需要額理論値が20％を超える水準で歳出決算額理論値よりも高い結果となっている。消防費と産業経済費では、留保財源は全く使われておらず、さらに行政需要の計画である基準財政需要額と歳出決算額の両者には大幅なズレがあることを意味している。そのため、消防費と産業経済費における留保財源、基準財政需要額と歳出決算額の差額は、他の歳出に流用されている可能性がある。

第二に、土木費では、歳出決算額理論値が基準財政需要額理論値を上回っている市町村が多い。基準財政需要額における計画以上に、実際の歳出決算額は多く、留保財源は平均以上に土木費に分配されている。先の消防費、産

---

[24] 各市町村における各歳出決算額理論値と費目別基準財政需要額理論値の乖離率は補論の資料4-6を参照のこと。乖離率は、（費目別基準財政需要額理論値－各歳出決算額理論値）／各歳出決算額理論値×100 で算出した。

第4章 地方自治体における基準財政需要額と歳出決算額の格差　　73

表4-2　各歳出決算額理論値と費目別基準財政需要額理論値の乖離率における市町村数

市町村数（割合）不交付団体数

乖離率	消防費	土木費	教育費	厚生費	産業経済費	その他行政費	総額
①-10％未満	0 (0.0%)	25 (58.1%) ⑤	6 (14.0%) ④	1 (2.3%) ①	6 (14.0%) ②	3 (7.0%) ①	6 (140.0%) ④
②-10%〜10%	1 (2.3%) ①	7 (16.3%)	18 (41.9%)	8 (18.6%) ⑤	5 (11.6%) ①	10 (23.3%) ②	37 (86.0%) ②
③ 10%〜20%	2 (4.7%)	6 (14.0%) ①	11 (25.6%) ②	15 (34.9%) ②	3 (7.0%) ①	10 (223.3%) ①	0 (0.0%)
④ 20%以上	40 (93.0%) ⑤	5 (11.6%)	8 (18.6%)	19 (44.2%)	29 (67.4%) ②	20 (46.5%) ②	0 (0.0%)

業経済費とは逆に、他の歳出において計画通り使われなかった財源が土木費に回されている可能性や、土木費において必要な額をカバーするために、他の歳出を抑えざる得ない可能性等が示唆される。

　第三に、総額においては多くの市町村が、歳出決算額理論値と基準財政需要額理論値の乖離がほとんどない。-10％未満の6市町村のうち、4市町村は普通交付税不交付団体であるため、ほぼ全ての市町村が-10％〜10％の範囲にあるといえる。他の費目では、基準財政需要額の計画通りには、歳出は使われていなかった。しかし、総額においては他の費目と異なり、留保財源と基準財政需要額が計画通りに使われていることがわかる。このことは、費目間において財源の調整がなされた結果といえる。

　基準財政需要額は、地方自治体の行政需要に応じるための必要経費であり、そのために地方自治体の実態を考慮して詳細に算出される。しかしながら、表4-2の分析結果より、基準財政需要額と歳出決算額にはかなり乖離のある費目が存在することがわかった。特に消防費に至っては、ほぼ全ての市町村において基準財政需要額理論値が、歳出決算額理論値を大きく上回っており、留保財源は全く使われていない。消防費の性質別内訳をみると、消防関係職員の給与等の人件費がもっとも大きな割合を占めており、以下、消防施設、設備の購入などに要する普通建設事業費であり、消防費のほとんどが義務的経費である。

　実際、消防費の基準財政需要額や歳出決算額がどのようになっているのかを図4-1に示した。縦軸は一人当たり消防費であり、横軸は市町村である。市町村は人口規模順に並んでいる。一人当たり消防費は、一般財源、基準財

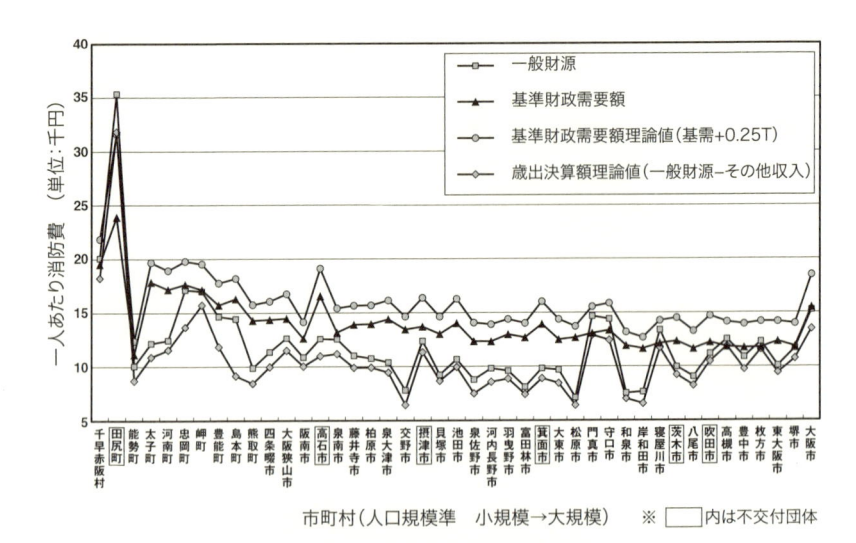

図4-1 消防費における各市町村の歳出決算額と基準財政需要額

政需要額、基準財政需要額理論値、歳出決算額理論値の4種類を示した。

図4-1においても、表4-2での基準財政需要額理論値と歳出決算額理論値の分析と同様、双方の乖離は一目瞭然である。ここでさらに指摘したいことは、先のモデルで計算された理論値だけでなく、実際の基準財政需要額と歳出決算額においてもかなりの乖離があることである。

先に述べたように、消防費のほとんどは義務的経費であるため、消防費は容易に削減できない経費と解釈できる。そのため、消防費の基準財政需要額算定の際には、消防関係職員の人数などが単位費用として算定されており、その義務的経費の性質から、基準財政需要額によってきちんとカバーされていると考えることができる。

また、消防費の財源内訳を見ると一般財源によってほとんどを賄っている。基準財政需要額の算定は行政需要を反映するために、実態に基づき詳細に算定されるとされている基準財政需要額であるが、義務的経費がほとんどを占める消防費は、基準財政需要額が実際の市町村の行政需要以上に算定されている可能性を指摘できる。

土木費の乖離率のバラツキを知るため、図4-2では土木費における基準

第4章　地方自治体における基準財政需要額と歳出決算額の格差　75

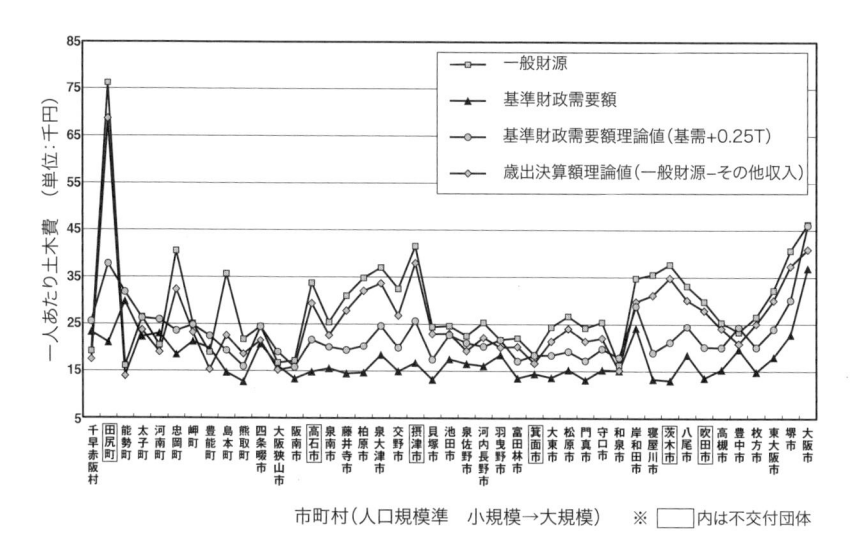

図4-2　土木費におけるにおける各市町村の歳出決算額と基準財政需要額

財政需要額と歳出決算額を示した[25]。表4-2においても指摘したように、ほとんどの市町村において歳出決算額理論値が基準財政需要額理論値を上回っていることが見られる。また、普通交付税不交付の市町村においては、他の市町村以上に歳出決算額理論値が基準財政需要額理論値を大幅に上回っていることがわかる。

　土木費の性質別内訳は、普通建設事業費がもっとも大きな割合であり、ほとんどが投資的経費である。投資的経費はその性質から、義務的経費に比べて歳出の削減は容易にできる。また、土木費の財源は、一般財源につづき、地方債、特定財源、国庫支出金によっても賄われている。そのため、これらの事情が基準財政需要額算定の際に、加味されており、土木費に基準財政需要額は、行政需要が反映されなく、基準財政需要額ではカバーできていない可能性が指摘できるのではないか。これらのことは、十分な精査が必要である。

　これまで、2006年度決算における歳出決算額理論値が基準財政需要額理論値の比較を行い、基準財政需要額が実際の歳出決算額と乖離しているとい

---

25)　消防費、土木費以外の各市町村の歳出決算額と基準財政需要額についての図は補論を参照のこと。

う結果を導いた。ここでの分析は、単年度に限定されている。近年に行われた三位一体改革は、地方交付税に大きな影響をもたらした。そのため、次節では地方交付税改革が基準財政需要額と歳出決算額にどのような影響を与えているのか、経年変化の視点で分析を行う。

4.2 各歳出決算額と費目別基準財政需要額の経年変化

三位一体の改革では、2004年度から2006年度において投資的経費を減少させるなどの改革により、地方交付税（臨時財政対策債含む）は5.1兆円削減した。これらの地方交付税の削減が基準財政需要額と歳出決算額にどのような影響を与えているのだろうか。

図4-3には三位一体改革直前の2003年度から2006年度における歳出決算額理論値と基準財政需要額理論値の乖離率の経年変化を図示した。また、図4-4において2006年度における費目別一人当たり基準財政需要額の変化（2003年度比）を示した。

前節の分析により、消防費における基準財政需要額が実際の歳出よりも過度に算定されている可能性を指摘した。近年の消防費における乖離率の変化はあまりなく、基準財政需要額と歳出決算額が大幅に乖離している状態が続いている。図4-4においても、消防費の基準財政需要額はそれほど削減されていない。図4-3の消防費の乖離率を見ても、毎年消防費は基準財政需要額と歳出決算額に乖離があるのにもかかわらず、基準財政需要額がそれほど削減されていないということは、基準財政需要が地方自治体の行政需要を反映しているとはいえず、過大算定の可能性を指摘できる。

土木費では、歳出決算額理論値が基準財政需要額理論値を大きく上回っている比率が増えている。図4-4では、ほとんどの市町村の基準財政需要額が、この数年で20％から30％の範囲で削減されていることがわかる。近年では毎年、基準財政需要額の算定において、投資的経費を削減している。その結果、この数年における基準財政需要額の行政需要の算定が、実際の行政需要を反映できておらず、歳出決算額理論値が基準財政需要額理論値を大きく上回っている可能性を指摘できる。

2006年度の分析による土木費の変動係数から、乖離率のバラツキが大き

第4章　地方自治体における基準財政需要額と歳出決算額の格差　　77

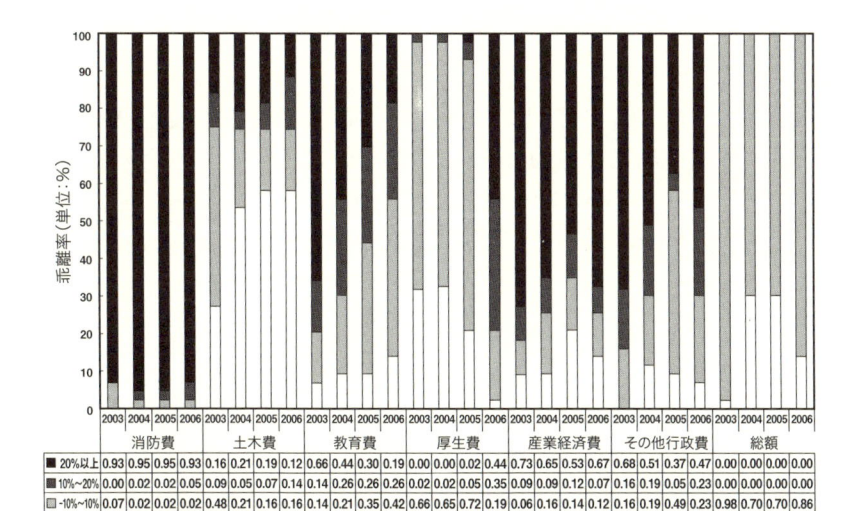

図4-3　歳出決算額理論値と基準財政需要額理論値の乖離率の経年変化

いことがわかっている。これらのことから、近年において多くの市町村では基準財政需要額が行政需要を反映できておらず、基準財政需要額での計画以上に歳出せざるを得なくなっていることを指摘できる。一方、一部の市町村において基準財政需要額の計画通りに歳出しているとも言えるが、近年、基準財政需要額が大幅に削減されていることからも、基準財政需要額での計画以上に歳出することができないため歳出を計画にとどめているという可能性もある。この点については、更なる分析が必要である。

土木費とは逆に、厚生費においては少子高齢化対策による社会福祉費、生活保護費等が厚生費の基準財政需要額における増額の要素となっており、全ての市町村において基準財政需要額が増額されている。しかし、図4-3の歳出決算額理論値と基準財政需要額理論値の乖離率では、2003年度と2006年度を比較すると基準財政需要額理論値が歳出決算額理論値を上回る市町村数が増えていることがわかる。

また、教育費は2003年度から2006年度にかけて基準財政需要額理論値が歳出決算額理論値を上回る市町村数が減っていることが分かる。図4-4では教育費の基準財政需要額は減額されているが、実際には容易に削減できな

い結果、基準財政需要額理論値が歳出決算額理論値を上回る市町村数が減っていると考えられる。

　2003年度から2005年度においては、多くの市町村が基準財政需要額理論値≒歳出決算額理論値である-10%～10%の範囲にあった。しかし、少子高齢化などによる行政需要が高まったとの判断で基準財政需要額が増額されると同時に、基準財政需要額理論値と歳出決算額理論値には乖離が生じている。このことは、実際の歳出決算額は必ずしもその行政需要に対応していない可能性や、基準財政需要額における行政需要が過大算定である可能性を意味している。

　詳細な算定をされているとされる基準財政需要額ではあるが、経年変化をみると基準財政需要額は年度により大きく変化している。しかし、市町村の行動は基準財政需要額での計画に沿ったものではないため、毎年度各費目においては基準財政需要額と歳出決算額の乖離が見られる。総額においては、基準財政需要額が削減されている年度においても、基準財政需要額理論値と歳出決算額理論値を比較すると、ほとんどの市町村が基準財政需要額理論値≒歳出決算額理論値である-10%～10%の範囲にある。総額は、基準財政需要額の計画とは関係なく、費目間において財源の流用・移用、調整された結果と見ることができる。

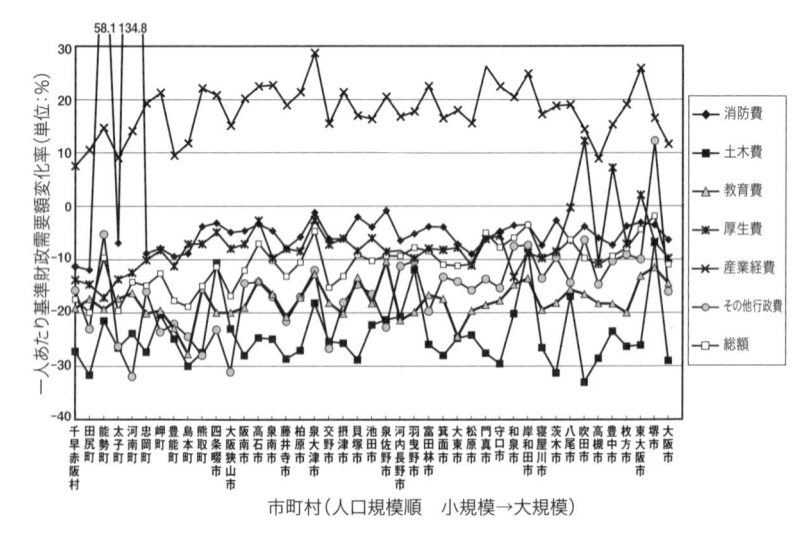

図4-4　2006年度一人当たり基準財政需要額の変化（2003年度比）

5 むすび

　本章では、費目別の基準財政需要額と歳出決算額の一般財源部分を比較し、留保財源の使途を明らかにし、その関係から基準財政需要額が本来の意味を果たしているのか評価した。また、基準財政需要額と歳出決算額の経年変化より三位一体の改革の影響を計測した。

　本章の分析により次のような分析結果が導かれた。1. 消防費においては、ほぼ全ての市町村において基準財政需要額理論値が歳出決算額理論値を大幅に上回っており、基準財政需要が過大に算定されている可能性を指摘できる。2. 土木費ではほとんどの市町村の基準財政需要額が、この数年で20％から30％の範囲で削減されている。それと同時に、歳出決算額理論値が基準財政需要額理論値を大きく上回っている市町村の割合が増え、基準財政需要額の行政需要の算定が、実際の行政需要を手当てできていないことが指摘できる。また、厚生費は土木費とは逆の結果となった。3. 各歳出における基準財政需要額と歳出決算額には乖離があるが、総額をみるとほとんどの市町村が基準財政需要額理論値≒歳出決算額理論値にあることから、それぞれの歳出のなかで流用・移用されている結果だといえる。

　地方交付税は一般財源であるため、その裁量は地方自治体にある。そのため、本章のように基準財政需要額と歳出決算額の乖離があるのは当然かもしれない。しかし、基準財政需要額が地方交付税の交付額を決定される基準となっている点からも、このような基準財政需要額と歳出決算額に乖離がみられたことは、ナショナル・ミニマムのサービスを提供するための必要経費の算定という基準財政需要額の目的を問わなければならない。

　最後に、本章に残された課題について述べてむすびとする。本章では、費目別の基準財政需要額のデータの入手が大阪府下の市町村しかできないため、大阪府下の市町村を分析対象とした。本章では、基準財政需要額が実際の地方自治体の行政需要と乖離している点を指摘した。この分析結果が、全国の市町村に対して当てはまることなのか、大阪府下の市町村に限定されるのかについては、精査する必要がある。これらの点は、今後の課題とする。

資料　歳出における基準財政需要額と歳出決算額の分析結果

資料4-1　教育費における基準財政需要額と歳出決算額

凡例：
- 一般財源
- 基準財政需要額
- 基準財政需要額理論値（基需+0.25T）
- 歳出決算額理論値（一般財源－その他収入）

縦軸：一人あたり教育費（単位：千円）
横軸：市町村（人口規模順　小規模→大規模）　※ □ 内は不交付団体

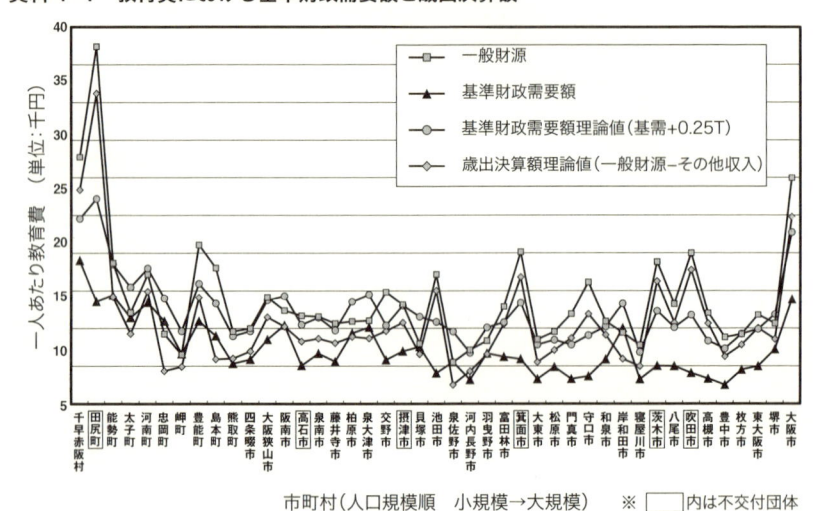

資料4-2　厚生費における基準財政需要額と歳出決算額

凡例：
- 一般財源
- 基準財政需要額
- 基準財政需要額理論値（基需+0.25T）
- 歳出決算額理論値（一般財源－その他収入）

縦軸：一人あたり厚生費（単位：千円）
横軸：市町村（人口規模順　小規模→大規模）　※ □ 内は不交付団体

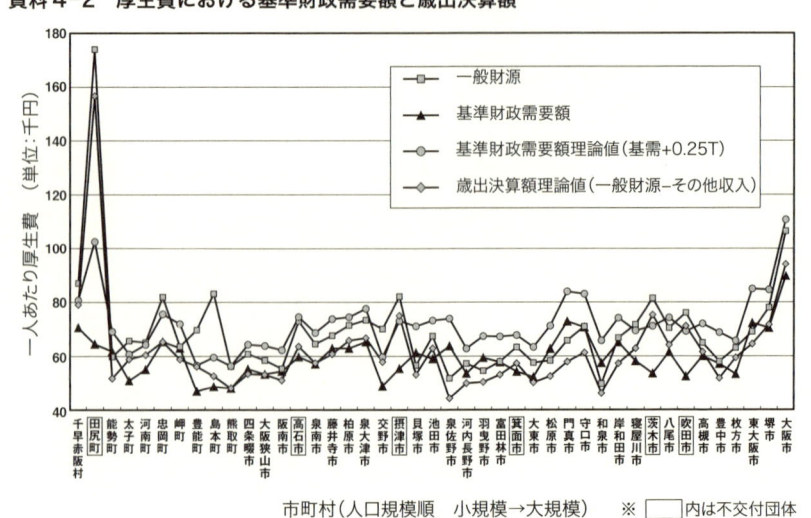

第4章 地方自治体における基準財政需要額と歳出決算額の格差

資料4-3　産業経済費における基準財政需要額と歳出決算額

凡例：
- 一般財源
- 基準財政需要額
- 基準財政需要額理論値（基需+0.25T）
- 歳出決算額理論値（一般財源−その他収入）

縦軸：一人あたり産業経済費（単位：千円）
横軸：市町村（人口規模順　小規模→大規模）　※ □内は不交付団体

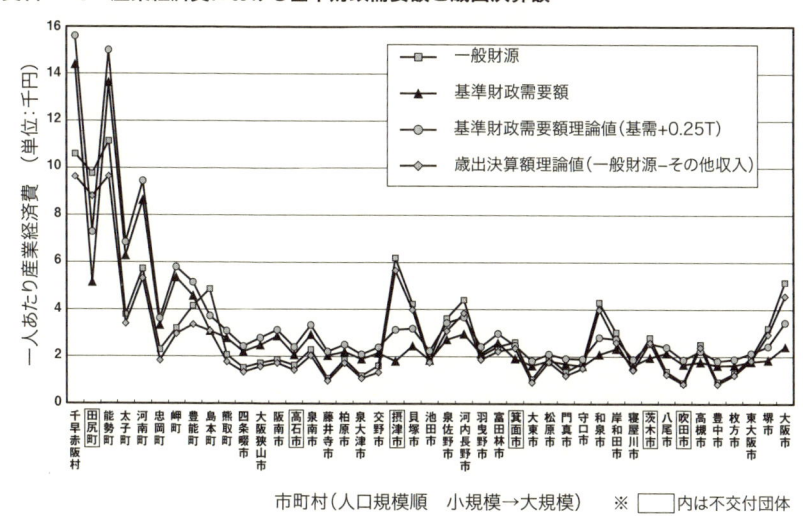

資料4-4　その他行政費における基準財政需要額と歳出決算額

凡例：
- 一般財源
- 基準財政需要額
- 基準財政需要額理論値（基需+0.25T）
- 歳出決算額理論値（一般財源−その他収入）

縦軸：一人あたりその他行政費（単位：千円）
横軸：市町村（人口規模順　小規模→大規模）　※ □内は不交付団体

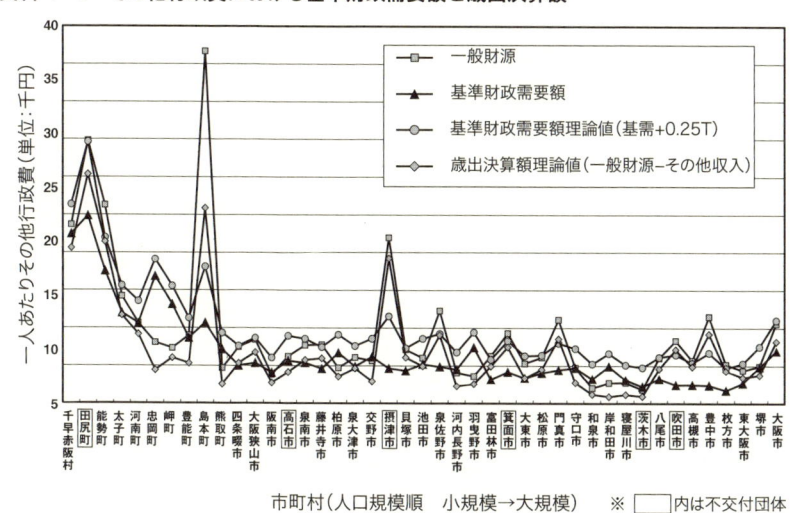

資料4-5　総額における基準財政需要額と歳出決算額

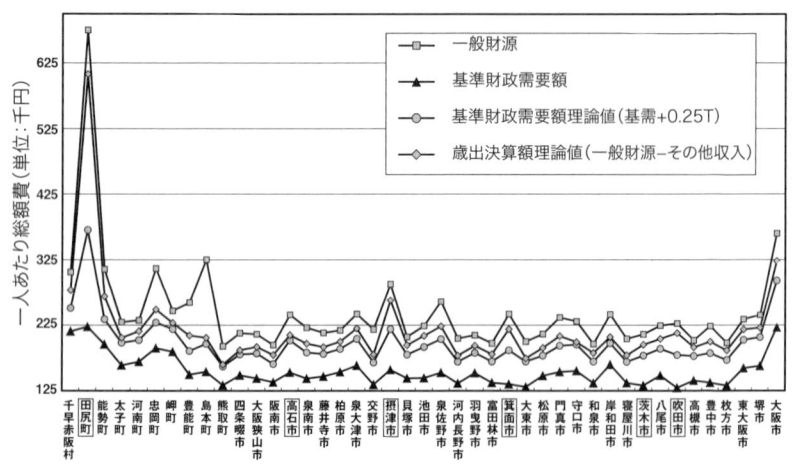

第4章 地方自治体における基準財政需要額と歳出決算額の格差　83

資料4-6　各決算額と費目別基準財政需要額の乖離額と乖離率（2006年度）

団体名	人口	消防費 乖離額	消防費 乖離率	土木費 乖離額	土木費 乖離率	教育費 乖離額	教育費 乖離率	厚生費 乖離額	厚生費 乖離率	産業経済費 乖離額	産業経済費 乖離率	その他行政費 乖離額	その他行政費 乖離率	総額 乖離額	総額 乖離率
大阪市	2,497,208	5.00	37.17	5.12	12.52	-2.03	-5.10	16.53	17.56	-1.12	-24.52	5.63	15.45	-29.65	-9.19
堺市	828,528	3.24	30.18	-7.19	-19.26	3.31	14.05	12.96	18.09	-0.50	-17.13	7.60	27.66	-14.42	-6.53
岸和田市	202,433	6.14	93.85	-0.95	-3.18	7.39	35.28	16.85	29.41	0.15	5.70	11.48	52.65	-9.41	-4.55
豊中市	386,229	4.21	43.36	3.52	16.90	1.03	4.84	16.93	32.68	0.98	117.05	-4.99	-12.97	-17.39	-8.72
池田市	99,224	6.34	63.81	-0.26	-1.15	-4.16	-13.87	10.31	16.38	0.49	27.67	7.26	24.24	-16.95	-8.12
吹田市	345,501	4.22	40.27	-7.80	-27.92	-6.00	-18.31	-1.97	-2.77	1.03	121.84	-1.37	-4.00	-33.40	-15.69
泉大津市	76,606	6.71	71.14	-9.03	-26.83	5.83	24.62	10.85	16.26	1.01	94.13	5.94	20.26	-15.92	-7.24
高槻市	352,778	2.26	19.05	-4.02	-16.70	-2.32	-9.05	10.45	16.97	-0.15	-6.25	0.95	3.20	-13.38	-7.00
貝塚市	89,478	5.98	69.62	-5.51	-24.03	4.97	23.02	17.92	33.71	-0.79	-19.94	2.43	7.55	-14.37	-7.39
守口市	146,552	3.42	27.51	-2.27	-10.32	-2.83	-10.54	21.74	35.46	0.40	26.64	9.08	35.58	-3.86	-1.94
枚方市	403,666	2.59	22.33	-4.98	-19.89	1.44	6.32	6.26	10.53	0.67	55.36	2.68	7.55	-14.63	-7.85
茨木市	263,739	5.30	57.58	-13.70	-39.33	-3.96	-12.68	-4.15	-5.51	-0.03	-1.24	7.68	35.14	-16.44	-8.43
八尾市	266,724	5.07	61.65	-5.69	-18.88	-0.62	-2.42	10.12	15.78	1.15	92.24	3.10	10.61	-15.03	-7.37
泉佐野市	100,619	6.58	87.69	8.79	8.79	7.03	40.13	29.64	36.94	0.33	10.77	0.38	1.00	-19.49	-8.73
富田林市	123,904	6.61	89.21	-3.06	-15.17	0.24	0.93	14.17	26.69	0.75	33.97	1.80	6.02	-11.07	-6.13
寝屋川市	243,829	2.52	21.50	-12.26	-39.32	1.87	9.39	6.59	10.48	0.46	32.07	7.88	35.30	-9.85	-5.50
河内長野市	120,010	5.36	62.68	-1.92	-8.71	2.45	12.70	12.88	25.77	-0.17	-4.55	9.01	36.64	-9.22	-5.16
松原市	128,413	7.32	114.27	-4.90	-20.39	1.34	6.08	18.67	35.54	0.33	18.69	1.80	12.96	-11.78	-6.19
大東市	126,121	5.94	70.39	-2.95	-13.87	2.30	11.22	13.12	26.12	0.92	101.32	5.91	22.11	-4.76	-2.73
和泉市	179,105	6.19	88.49	2.68	17.69	1.11	4.59	19.51	42.16	-1.18	-29.57	8.13	36.27	-13.11	-7.18
箕面市	124,126	7.14	80.36	1.68	10.06	-3.40	-10.68	10.44	18.19	0.11	4.63	3.77	11.07	-32.07	-14.66
柏原市	75,900	5.81	58.68	-11.74	-36.64	4.67	19.57	8.68	13.19	0.78	45.38	1.65	4.71	-11.08	-5.54
羽曳野市	119,927	5.54	62.62	1.61	8.03	3.54	16.43	17.00	33.72	0.55	29.46	13.70	54.46	-10.82	-5.58
門真市	132,466	2.64	20.43	-4.11	-19.29	-0.87	-3.67	26.01	44.92	0.73	60.83	-1.16	-3.12	-14.66	-7.04
摂津市	84,041	5.07	44.88	-12.27	-32.34	2.29	8.89	-1.92	-2.56	-2.52	-44.54	-15.35	-26.26	-43.93	-16.71
高石市	61,206	8.15	74.30	-7.73	-26.26	2.23	9.58	10.94	17.18	0.97	68.33	9.58	33.83	-7.99	-3.81
藤井寺市	65,843	5.79	58.60	-8.43	-30.25	1.68	7.28	13.00	21.39	1.24	128.68	2.97	9.30	-10.45	-5.45
東大阪市	495,748	4.75	50.48	-6.17	-20.50	4.37	14.99	20.42	31.64	0.31	16.94	3.78	14.06	-16.06	-7.36
泉南市	65,272	4.26	38.19	-2.53	-11.19	-0.13	-0.50	10.24	15.67	1.78	97.31	5.60	17.75	-13.57	-6.89
四条畷市	57,127	6.11	61.30	2.94	13.65	2.78	12.15	8.25	17.17	1.3	74.07	13.54	53.82	-6.52	-3.49
交野市	78,043	8.21	127.60	-6.90	-25.73	2.67	3.09	10.88	20.35	-1.51	-17.18	8.61	14.76	-12.32	-6.83
大阪狭山市	57,404	5.27	45.87	3.86	25.41	2.27	8.57	10.70	20.12	1.06	80.16	11.31	43.69	-10.04	-5.23
阪南市	59,469	4.14	41.37	-0.04	-0.24	4.05	16.06	10.79	21.93	1.22	77.90	3.81	15.94	-13.81	-7.69
島本町	29,362	9.05	99.00	-3.20	-14.17	7.41	35.42	6.93	13 1.6	1.40	81.62	6.61	25.94	-9.20	-4.47
豊能町	25,259	5.94	5.29	7.20	47.07	1.86	6.39	0.39	0.70	0.63	20.57	-15.57	-21.70	-23.49	-11.24
能勢町	13,643	3.67	42.10	17.88	128.41	4.37	14.99	17.35	33.50	1.81	53.90	11.97	39.07	-34.79	-12.94
忠岡町	17,556	6.12	44.73	-6.17	-27.12	9.64	49.80	10.24	31.64	5.35	55.49	1.13	1.80	-16.06	-7.97
熊取町	43,724	7.33	86.84	-8.77	-14.42	2.95	14.03	8.25	15.67	1.78	97.31	29.35	101.73	-19.84	-1.68
田尻町	7,290	-0.19	-0.60	-2.69	-14.42	-13.99	-24.90	-54.12	-34.54	-1.51	-17.18	13.54	53.82	-2.78	-1.68
岬町	19,148	3.81	24.19	-30.88	-44.97	4.71	23.66	13.09	22.23	2.85	96.26	8.61	10.66	-237.83	-39.11
太子町	14,497	8.80	80.89	1.60	6.90	6.20	25.55	1.89	3.21	3.46	102.18	18.99	59.22	-9.32	-4.08
河南町	16,841	7.40	64.10	2.56	10.78	3.09	10.34	3.81	6.30	4.12	77.54	7.87	18.16	-7.43	-3.61
千早赤阪村	6,767	3.61	19.79	6.88	36.07	3.09	10.34	3.81	6.30	4.12	77.54	8.73	22.78	-13.58	-6.29

第5章

少子高齢化が生活保護と財政に与える影響

1 はじめに

　地方交付税の削減にみられるように、国から地方自治体への財源移転が縮小化されつつある。一時期に比べて、景気が上向いてきたとはいえ、巨額の債務を抱える地方財政の再建の道はまだまだ遠い。特に自主財源が乏しい地方部の地方自治体の財政は厳しい状況にある。

　日本は2005年に人口減少を経験し、今後100年間で人口が半減すると予測されている。すでに10年以上も前から人口が減っていた地方自治体もあり、地方部にとって少子化は新しい問題ではない。少子化の度合いは人口の自治体間格差を生みだし、人口減少を経験している地方自治体では、納税者が減ってゆくなかでの財政再建を強いられることになる。

　図5-1では、2005年を基準として2025年に至る推計人口と世帯数の増加率を都道府県ごとに比較している。両者は同様の動きを見せるものの、核家族化の進展にともなって、全国的には世帯数は若干増えるが、人口は減少する。都道府県ごとに、これらの変化率はまちまちであり、おおむね都市部は増加傾向、地方部は減少傾向にあることがわかる。

　一般的に、人口減少は必要となる公共サービスの歳出を抑制する方向で働くであろう。しかしながら、その一方で地方自治体の財政を高齢化が襲う。日本社会が迎える急速な高齢化が地方財政に与える影響は少なくない。高齢化は、都市部よりも地方部において深刻な事態を引き起こすだろう。人口減少で歳出を抑制できるとしても、高齢化が進めば高齢者向けの公共サービスは拡充せざるを得ない。

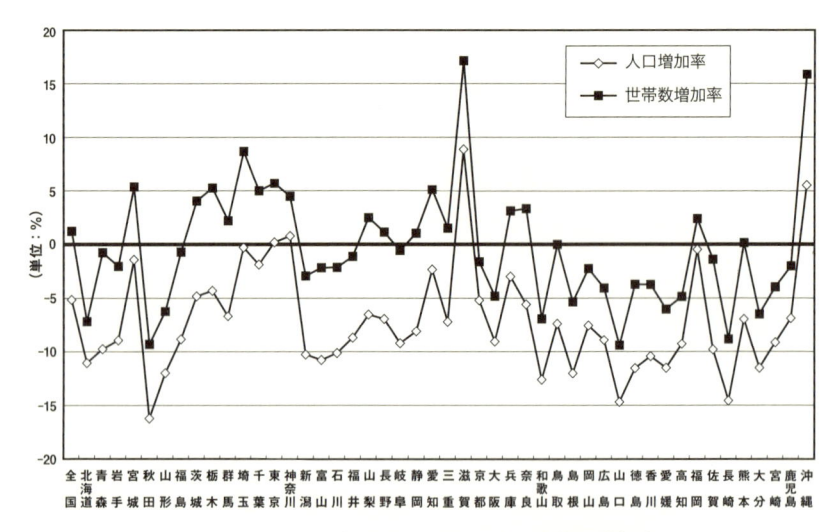

図 5-1　都道府県別の人口増加率と世帯数増加率
（出所）国立社会保障・人口問題研究所［2005］『日本の世帯数の将来推計』より計算。

　本章では、高齢化によって広がる所得格差に注目する。日本の所得格差が拡大しているか否かについては、様々な議論があるが、高齢化が主要な要因であることは合意がとられている。一般に、高齢者ほど長い人生を経ているために所得の格差が大きい。そのため、地方自治体にとって、高齢化は生活保護費の増加要因となる。

　図 5-2 は、都道府県における 2005 年と 2025 年の一般世帯数に占める高齢世帯数の比率を示している。今後 20 年間で、全国的には 10％程度も高齢世帯数の割合が上昇する。また、図 5-1 に示した人口と世帯数と同様に、高齢世帯数の割合も都道府県間におけるギャップが大きく、都市部よりも地方部で高い。

　地方自治体の生活保護費は、人口減少と高齢化の両面から影響を受ける。本章は、少子高齢化が急速に進行する日本の将来において、地方財政の生活保護費に与える影響を分析する。

　生活保護費を取り上げるのには次の理由がある。生活保護費は、地方自治体にとっては、生活保護世帯が存在する限り支出しなければならない義務的

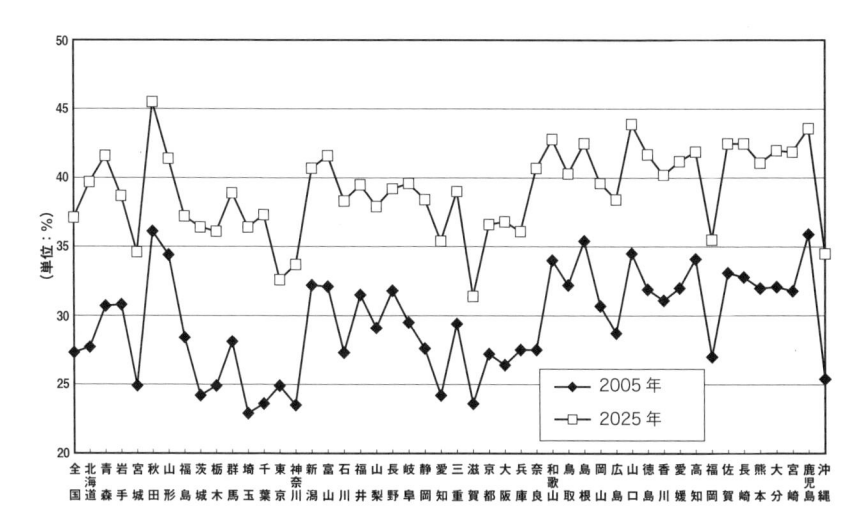

図5-2　都道府県別の一般世帯数に占める高齢世帯数の割合

（出所）国立社会保障・人口問題研究所［2005］『日本の世帯数の将来推計』より計算。

経費である。三位一体の改革において、国庫負担の割合をめぐる国と地方の綱引きが展開されており、生活保護費は注目されている。不可避ともいえる少子高齢化によって、地方財政の生活保護費がどのように影響を与えるかが、本章の最大の関心事である。

　本章では、年齢階級別の所得分布を推計し、低所得者層を含めた所得分布を再現することで、都道府県別に生活保護費を推計する。さらに、将来の人口変動を考慮したときに、生活保護費がどのように変化するのかについて都道府県レベルでシミュレーションを行う。

　本章の構成は次の通りである。2節では既存研究を紹介し、本章の貢献について述べる。3節では本章で利用する所得分布モデルを提示する。4節では少子高齢化によるシミュレーション分析を実施する。5節では本章で得られた結果をまとめ、今後の課題を述べることでむすびとする。

2 既存研究と本章

本章と関連する既存研究は、生活保護に関する実証研究である。

第一に、生活保護世帯の対象となる低所得世帯の数を推計する研究がある。たとえば、山田［2000］、小川［2003］、駒村［2003］では、個票データをもちいて低所得者世帯率を推計している。これにもとづき、駒村［2003］では、生活保護の捕捉率が12％〜25％として推計されている。また、曾原［1985］と和田・木村［1998］では、いくつかの統計データを組み合わせて、同様の推計を行っている。

第二に、生活保護制度と就労に着目した研究がある。村上［1984］や高山［1980］は、日本において「負の所得税」を導入した場合に、どの程度のコストが必要かを推計している。また、玉田・大竹［2004］は、アメリカの公的扶助制度と日本の生活保護制度を比較し、日本の制度が就労を抑制していることを実証的に示している。

玉田・大竹［2004］も指摘しているが、日本において生活保護制度を実証的に扱った研究は非常に少ない。その最大の要因は、分析できるデータの利用可能性が著しく低いことにある。低所得者層に対する生活保護制度の実証分析を実施するためには、当然ながら低所得者層の所得データが必要となる。しかしながら、日本の統計においては、低所得者層の所得データを得ることは非常に困難である。

たとえば、総務省統計局の『家計調査』や『全国消費実態調査』は、ある所得層を超えるデータしか提供していない。一般に、低所得者層を含む個票データを入手することは難しく、入手できたとしても分析の自由度が限られる。また、入手の自由度が低いことにより、検証可能性も低い。そのために低所得者層への社会保障政策や財政政策は、重要であるにもかかわらず、実証分析のメスが入りにくかった。

ここでは、個票データではなく、ある程度集計された所得分布データをもちいて、分布関数を推計する方法を提示する。所得分布の推計により、集計データでは手に入らない低所得者層の所得データを人為的に作り出すことが

可能となる。推計された所得分布を利用すれば、マイクロ・シミュレーションの手法によって、生活保護制度の分析を行うことができる[26]。

ところで、鈴木［2006］によると、地方自治体の生活保護の保護率は、高齢化率、失業率、離婚率などで説明できるとされている。このなかで、失業率は景気要因、離婚率は社会的要因であるから、これらを予測することは難しいだろう。しかしながら、高齢化については、ある程度は予測可能である。したがって、本章では予測可能な少子高齢化が生活保護費に及ぼす影響を分析することになる。

ひとまず、次節において、国立社会保障・人口問題研究所『日本の世帯数の将来推計（都道府県推計）』と『全国消費実態調査』から分布関数を推計する具体的な方法について述べる。その後に推計された所得分布データに対して生活保護制度を適用する方法について示す。年齢階級別の所得分布の推計により、シミュレーションで少子高齢化を分析することができる。

3 所得分布モデル

3.1 年齢別所得分布関数の推計

国立社会保障・人口問題研究所［2005］『日本の世帯数の将来推計（都道府県推計）』には、2005年の都道府県別の年齢階級別世帯数が示されている。年齢区分は基本的に5歳刻みであるが、線形補完をすることで1歳刻みの世帯数を得ることができる。

所得分布の推計には、平均所得データが必要である。総務省統計局『全国消費実態調査』「第41表　世帯主の年齢階級別1世帯当たり1か月間の収入と支出」には、2004年の全世帯の世帯主の年齢階級別の「年間収入」が示されている[27]。最低は「200万円未満」、最高は「1500万円以上」の10区分であり、これを平均所得データとして採用する。こちらも5歳刻みの年齢

---

26)　齊藤［1989］は都道府県別に対数正規分布を想定して住民税収を推計している。
27)　本章では基準年を2005年としているが、『全国消費実態調査』は5年ごとの調査であり、現時点の最新のデータは2004年である。そのため、1年のギャップがあるが、この差異については無視することにする。

階級別データであるため、先と同じように1歳刻みになるように線形補完を施した。

以上の作業により、1歳刻みの年齢階級（22歳～87歳）の世帯数と平均所得が得られる。ここでの目的は、ある程度集計された所得分布データに対して分布関数を適用し、「200万円未満」の低所得者層を含めた所得分布を推計することである。そのためには、分布関数を特定化する必要がある。所得分布について連続型の対数正規分布を仮定し、以下のように分布関数を定式化する[28]。

$$f(x) = \frac{1}{x\sigma\sqrt{2\pi}} \exp\left[-\frac{1}{2\sigma^2}\left(\ln x + \frac{\sigma^2}{2}\right)^2\right] \quad (0 < x < \infty) \quad (5-1)$$

ここでxは所得階級を表現する指数のウエイト、σ^2は対数化された分布における分散、πは円周率である。ウエイトxの分布によって所得階級に差が生まれる。また、ここでの所得分布xは平均1、分散$\exp(\sigma^2)-1$で特徴づけられる。すなわち、推計対象の分布データと平均所得データが与えられたとき、未知の変数は分散パラメータσ^2のみとなる。

所得階級xは連続型で表現されているが、数値計算上は離散型で計算する。添字iで所得階級xを区別すれば、それぞれの所得階級の幅を$x_{i+1} - x_i = 0.01$の区間で与え、$x_1 = 0.01$から$x_{500} = 5.00 (1 \leq i \leq 500)$まで計算する。このとき、所得階級別に500タイプの家計が存在することになり、対数正規分布における累積密度$\int f(x)dx$はほぼ1となる。

以上のように、特定の分散パラメータσ^2と平均所得が与えられたとき、分布関数$f(x)$、密度関数$xf(x)$、累積密度$\int f(x)dx$が確定する。具体的に分散パラメータσ^2を推計する作業を下記に示そう。

ステップ1）分散パラメータσ^2に適当な初期値を与えたときの分布関数と密度関数を計算する。

ステップ2）所得階級xに年齢階級別の平均所得を乗じることで、分布関数における500タイプの所得データを得る。

---

28) 対数正規分布の性質については、たとえば青木［1979］を参照。

ステップ3) 密度関数に年齢階級別の世帯数の総数を乗じることで、分布関数における500タイプの家計の世帯数を得る。

ステップ4) 分布関数における所得分布を『全国消費実態調査』にある「年間収入」の所得区分に集計し直し、その場合の所得階級別の世帯数を計算する。

ステップ5) 『全国消費実態調査』から得られる世帯数の分布データと、ステップ4で得られた世帯数の分布を比較して、両者の差の自乗和を計算する。また、決定係数も計算する。

ステップ6) 自乗和が十分に大きいならば、分散パラメータ σ^2 を変更することで再びステップ1へ戻る。もし、自乗和が最小になるならば、そのときの分散パラメータ σ^2 を採用する。

以上の手続きを経れば、年齢階級別の所得分布関数の分散パラメータ σ^2 を得ることができる。また、分散パラメータがどの程度の説明力をもっているかについて決定係数を計算した。図5-3は、2004年のデータによって推計された分散パラメータ σ^2 と決定係数を示している。

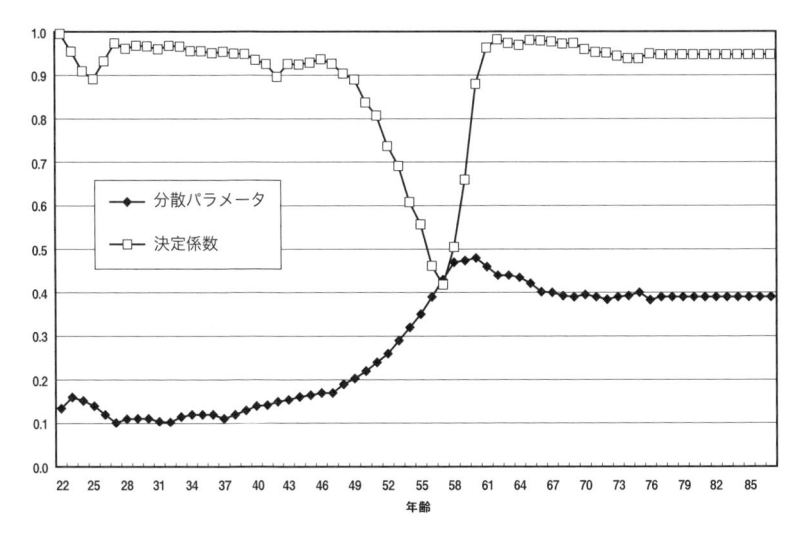

図5-3 所得分布の分散パラメータと決定係数

分散パラメータ σ^2 は、年齢を重ねるにつれて高くなる傾向にある。高齢者になればなるほど、所得分布が不平等化する様子が理解できる。このことは、高齢になれば世代内の不平等度が高くなることを示している[29]。

さて、以上によって得られた分布関数による理論値と実際の世帯数の分布を比較して、どれほど当てはまりがよいか、図示して検討しているのが、本章末尾の資料1である。おおむね理論値は実際の世帯数の分布を再現することができていると考えることができる。以上により、推計された分布関数をもちいて、低所得者層を含めた年齢別の世帯数の分布を生成することができる。

3.2 都道府県別の世帯属性の想定

前節で推計された年齢階級別の分散パラメータが、都道府県の世帯数の分布を近似していると考え、2004年の生活保護費を都道府県ごとに計測する。しかしながらその前に、平均所得と世帯属性の相違を想定することが、都道府県の所得分布の特性を考察する上で不可欠といえる。

まず、都道府県間に所得格差が存在していることを踏まえ、都道府県別に年齢階級別の平均所得を得る必要がある。そこで、厚生労働省［2006］『賃金センサス』「第1表　年齢階級別きまって支給する現金給与額、所定内給与額及び年間賞与その他特別給与額」「企業規模計」「男性労働者」にある2004年の都道府県別の「きまって支給する現金給与額」「年間賞与その他特別給与額」「労働者数」を利用する[30]。

これらのデータは基本的に5歳刻みのデータになっているため、線形補完することによって1歳刻みに修正する。「きまって支給する現金給与額」「年間賞与その他特別給与額」から年収を計算し、「労働者数」を乗じることで都道府県ごとに年齢階級別の労働所得を計測する。これを集計した数字を、「労働者数」で除算することで、『賃金センサス』から年齢別の平均所得を得

---

29)　なお、決定係数が、50歳代で悪化しているのは、50歳代の所得分布データに2つの山が存在するためである。この点を修正することは難しく、また、他の年齢については説明力が高いと判断されるので、ここでは推計された分散パラメータ σ^2 を採用することにする。

30)　「男性労働者」のデータを利用するのは、世帯主は男性が多いという事実にもとづいている。

ることができる。

　ところで、本章では、所得分布の分散パラメータの推計にあたって、総務省『全国消費実態調査』の2004年の年齢別の平均所得を利用していた。そこで、『賃金センサス』から推計した全国ベースの平均所得と、『全国消費実態調査』の平均収入を比較する。両者の年齢別の比率をとり、その比率を前者に乗じることで、『賃金センサス』から得られたデータを『全国消費実態調査』のデータに合わせる[31]。このようにして推計された都道府県ごとの年齢階級別の年間平均収入を、後のシミュレーション分析に利用することになる。

　続いて、都道府県別の世帯属性について想定することが必要となる[32]。なぜなら、単身世帯か家族世帯か、子ども数は何人か、共稼ぎか片稼ぎか、といった属性違いによって、生活保護支給額が変化するためである。

　とはいえ、推計された所得分布データの個々の世帯について、正確な世帯属性を与えることは、ほとんど不可能である。そのため、ある年齢の世帯には、一定の割合で、ある属性をもった世帯が存在すると考えよう。これを世帯属性マトリクスという行列パラメータに集約することにする。

　まず、2004年の総務省『全国消費実態調査』「第2表　世帯属性、都道府県別世帯」（全世帯）より、二人以上の世帯の5歳刻みの年齢階級別の世帯数分布を得る。この世帯数分布からは、2人、3人、4人、5人、6人以上の世帯数についても判明する。なお、3人世帯と4人世帯については、1人だけの有業者がいる世帯数の内訳が示されている。ここでは、有業者が1名の世帯は片稼ぎ世帯と想定する。

　ただし、5人世帯と6人以上世帯については有業者世帯の内訳が示されていない。そこで、3人世帯と4人世帯から、有業者が1人いる世帯の割合を年齢別に算出し、他の5人世帯と6人以上の世帯数に乗じることで、5人世帯と6人世帯において有業者が1人いる世帯数を推計した。有業者が1名でない世帯については、すべて有業者が2人の共稼ぎ世帯と想定する。以上の

---

31)　しかしながら、乖離を示す比率は0.9から1.3の幅に収まっており、大きな相違はない。
32)　「負の所得税」の導入コストを計測している高山［1980］や村上［1984］も世帯属性を考慮している。

作業により、5歳刻みの年齢階級別で、2人から6人以上の世帯人員数を区別でき、片稼ぎと共稼ぎの世帯数の分布が得られる。次にこの分布データを1歳刻みになるように線形補完する。

ただ、このデータは2人以上世帯に限定されているから、単身世帯が含まれていない。そのため、国立社会保障・人口問題研究所［2005］『日本の世帯数の将来推計（都道府県推計）』にある2005年の「一般世帯」「単独」「総数」の5歳刻みの年齢階級別世帯数を1歳刻みに線形補完し、「一般世帯」「総数」との比率をとることで、単身世帯の割合を年齢階級別に計算しておく。

また、同じく国立社会保障・人口問題研究所［2005］『日本の世帯数の将来推計（都道府県推計）』には、「ひとり親と子」の世帯数も年齢階級別に示されている。ここでは、「ひとり親と子」の世帯を母子（父子）世帯と想定する。そこで、「核家族」の世帯数との比率をとることで、母子世帯の割合を1歳刻みの年齢階級別に計算しておく。

以上の単身世帯と母子世帯の割合を、先ほどの2人以上世帯の家族属性を示す世帯数分布に加えれば、家族属性マトリクスを完成できる。家族属性マトリクスは、行が1歳刻みの年齢であり、列が家族属性を示している。考慮されている家族属性は、単身世帯と家族世帯と母子世帯、片稼ぎと共稼ぎ、子どもが1人から5人であり、すべての世帯はいずれかの属性を与えられる。

共稼ぎ世帯の配偶者の収入については、世帯主の収入と配偶者の収入に一定の関係があると想定し、下記のように処理を行った。2004年の総務省『全国消費実態調査』「第1表　年間収入階級別1世帯当たり1か月間の収入と支出」にある「世帯主の勤め先収入」と「世帯主の配偶者の勤め先収入」の比率を、年間収入階級別に一定だと考えた。そのため、共稼ぎ世帯については、世帯主とその配偶者に収入が配分されることになる。

表5-1　世帯属性の区分

①都道府県（47）	④共稼ぎと片稼ぎ
②世帯主の年齢（22歳～87歳）	⑤単身世帯と家族世帯と母子世帯
③所得階級（500階級）	⑥子どもの数（子ども1人世帯～子ども5人世帯）

最後に、夫婦のいる世帯については、夫婦の年齢差は3歳と想定し、最初の子どもは世帯主が30歳になったときに誕生すると想定する。2人以降の子どもについては、3歳ごとの年齢差があると考える。表は本章の分析で考慮される世帯属性を一覧している。

以上により、47都道府県ごとに、年齢階級56（22歳〜87歳）×所得階級500×世帯属性で表現される世帯を想定する。所得分布モデルによって生成される世帯は、いずれかのタイプに所属することになる[33]。

3.3 生活保護制度の適用

前節までで推計された、年齢階級別の所得分布のデータセットならびに世帯属性マトリクスなどをもとにすれば、2004年の制度にもとづく生活保護支給額を都道府県別の世帯ごとに計測できる。下記の手順で生活保護支給額を計算する[34]。

ステップ1）収入認定額＝収入額−各種控除額
ステップ2）最低生活費＝生活扶助＋住宅扶助＋教育扶助＋医療扶助
ステップ3）生活保護支給額＝最低生活費−収入認定額

なお、生活保護制度は申請主義が採用されているため、所得が低くても申請がなければ支給されない。また、申請がなされたとしても、資力調査（ミーンズ・テスト）によって生活保護世帯としての認定がなされない場合も、生活保護は支給されない。すなわち、所得が低いだけでは、生活保護世帯としての必要条件が満たされているわけではない。

そこで、本章では、生活保護の支給を受ける世帯と受けない世帯を確率的に分類する方法を採用する。具体的には、下記のような生活保護受給関数を想定する。

---

[33] すべてのタイプの家計が存在するとは限らない。存在しない家計は世帯数がゼロとして集計される。

[34] なお、生活保護世帯は2級地1に住んでいると想定する。また、介護扶助と各種加算額については考慮できなかった。生活保護制度の概要については、本章末尾の資料にまとめられている。

if　$N(0,1) \geq \phi$　then 生活保護を受給しない　　　　　　　　　　　　　(5-2)
if　$N(0,1) \leq \phi$　then 生活保護を受給する(生活保護を申請し、受給が認められる)

　ここで $N(0,1)$ は 0 から 1 までの一様乱数であり、ϕ は生活保護受給パラメータ（$0 \leq \phi \leq 1$）である。乱数の値が生活保護受給パラメータ ϕ を超える場合に生活保護を受給せず、その逆の場合は生活保護を受給すると考える。生活保護受給パラメータ ϕ については、モデル上の保護率が現実の保護率に合うように収束計算する。なお、保護率は世帯単位ではなく人単位であることを考慮する。図5-4 は、2004 年の都道府県別の保護率を示している。
　さらに、モデル上の生活保護支給の総額と、現実の生活保護支給額の比率（調整係数）を求める。後のシミュレーションにおいては、都道府県ごとの調整係数は固定される[35]。ここで、現実の生活保護支給額のデータは、地

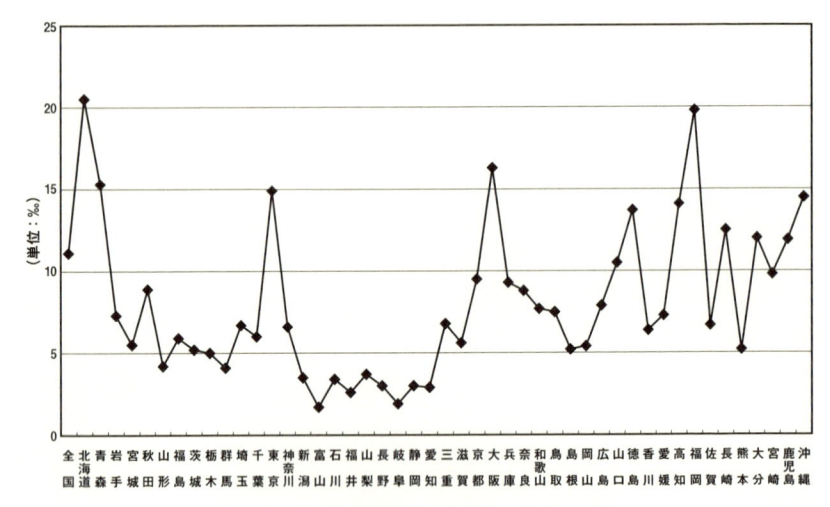

図5-4　都道府県別の保護率（2004年）

（出所）厚生労働省『平成 16 年度　福祉行政報告例』。

---

35) 調整係数が固定されることは、モデル上の生活保護支給額と現実の生活保護支給額の間に線形の関係が存在することを想定している。しかしながら、そもそも両者に線形の関係が存在するかどうかは、実証的に検証すべきであろう。ただし、他に代替すると考えられる方法が見つからないことと、税制を扱っている既存研究（たとえば木村・吉田・橋本 [2004] など）においても同様の方法が採られていることを考えて、本章でもこの手法を踏襲することにした。

方財務協会『地方財政統計年報』の2004年の都道府県と市町村の生活保護費の合計をもちいている。

調整係数 γ ＝現実の生活保護支給額／モデル上の生活保護支給額　　(5-3)

4　少子高齢化による生活保護制度のシミュレーションにおける分析結果

　前節で得られた調整係数 γ ならびに保護率を一定とし、少子高齢化で人口構成が変化したとき、生活保護支給額がどのように変化するかをシミュレーション分析によって明らかにしよう[36]。基準年を2005年、比較年を2025年として、人口構成の変化が及ぼす影響について分析する。人口構成の変化は、各都道府県の年齢階級別世帯数と家族属性マトリクスの変化によってとらえることにする。

　図5-5には生活保護費の変化が都道府県ごとに示されている。2005年と比較した場合、2025年の生活保護費の変化は、都道府県によってまちまちである。ほとんどの都道府県において生活保護費が増える。特に都市部の関東地方および関西地方の生活保護費の変化率は高い[37]。

　しかしながら、北海道と長崎県については、生活保護費が減少する。この2つの地方自治体については、高齢化よりも人口減少の影響が大きい。北海道については、ほとんどの年齢の世帯が減少することが、生活保護費の減少に寄与している。

　このように、都道府県によって、生活保護費の変化に差が生まれるのは、人口減少と高齢化の2つの影響が入り込んでいるからである。これらの効果を区別するためには、年齢階級別の生活保護費の変化をとらえる必要があろ

---

36)　もちろん、変換パラメータが将来的に変動する可能性は高い。しかしながら、本章では純粋に高齢化がもたらす地方財政の生活保護費への影響について抽出したいのであるから、これらのパラメータについては固定しておくことになる。

37)　山梨県の変化率が高くなっているのは、もともと2005年の生活保護費が少ないことが、見かけ上の変化率を高めていると考えられる。

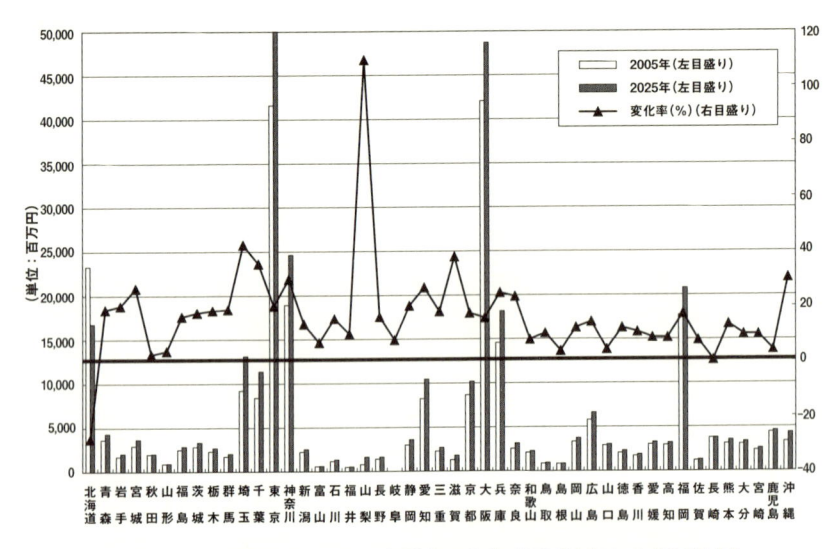

図5-5 都道府県ごとの生活保護費の変化（2005年から2025年）

う。図5-6には、地域別でみた年齢階級別の生活保護費の変化が示されている。なお、個々の都道府県の分析結果については、本章末尾の資料を参照されたい。

図5-6によると、地域別に見た場合、生活保護費の変化の全体的な傾向は大きく変わらない。いずれの地域についても、75歳以上の後期高齢者の世帯が高齢化によって増加し、これが生活保護費を高める。その一方で、現役世代の世帯は少子化によって減少し、これが生活保護費を抑制する。以上の総合的な効果により、地方自治体の生活保護費が決定される。関東地方では若年者世帯への生活保護費は減少するが、高齢者世帯への生活保護費は急増する。相対的に関東と反対の動きを見せているのは四国地方である。

いずれにせよ、多くの地方自治体にとって、将来的に生活保護費が増加することは避けられない。当然ながら、本章のシミュレーション分析は、所得分布の状況や保護率などが現状と変わらないことを前提としており、これらが変化すれば将来の生活保護費も変化する可能性は高い。

しかしながら、少子化と高齢化にともなう生活保護費の増減を数量的に把握し、特に都市部で将来的に後期高齢者世帯への生活保護費が急速に増えて

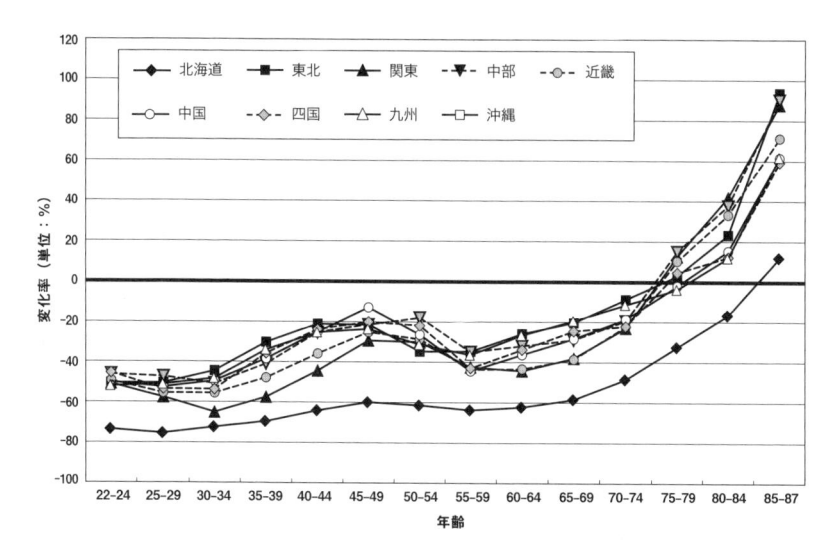

図5-6 地域別でみた年齢階級別の生活保護費の変化（2005年から2025年）

ゆくことを示せたことは、地方自治体の福祉政策の今後を考える上では重要な示唆であると考えられる。

5　むすび

本章では、少子高齢化が地方財政の生活保護費に与える影響について数量的に分析した。生活保護費は義務的経費であり、容易に削減することはできない。巨額の債務に悩みながらも、財政再建を進めなければならない地方自治体にとって、今後の生活保護費の動向は重要である。本章の分析結果をまとめると、次のようになる。

高齢者ほど所得格差が大きいため、高齢化が進めば地方自治体の生活保護費が増える可能性が高い。その一方で、少子化が進めば人口が減少するため、生活保護費は減る可能性もある。

シミュレーション分析の結果、ほとんどの地方自治体で生活保護費が増えることが示された。年齢別に分析結果をみたとき、若年世帯への生活保護費は少子化によって減少するものの、特に都市部において75歳以上の後期高

齢者世帯への生活保護費は高齢化によって急増する。このことは、高齢化にともなう所得格差の拡大が、地方自治体の今後の福祉政策にとって大きなインパクトを与える可能性があることを示唆している。

最後に、本章の課題についてまとめることでむすびとしよう。

第一に、日本全国のデータから計算されている所得分布の分散パラメータを、都道府県に適用していることである。本来であれば、都道府県ごとに所得分布の分散パラメータを推計することが望ましいであろう。しかしながら、年齢別所得分布を推計できる都道府県ごとのデータが存在しないため、ここでは断念することにした。とはいえ、都道府県ごとに年齢別世帯数分布、平均所得および世帯属性パラメータが考慮されていることは、ある程度、都道府県の人口構成や経済状況を反映できていると考えられる。

第二に、生活保護の支給は、基本的には市町村の業務であるから、本来は市町村別の分析が望ましいであろう。しかしながら、市町村レベルの分析に必要なデータの入手は困難であり、本章では都道府県の分析にとどめた。以上については、今後の課題としたい。

資料　所得分布データと生活保護制度の概要

1　所得分布のデータと推計結果の比較

資料 5-1　30 歳と 40 歳の所得分布の推計結果とデータ

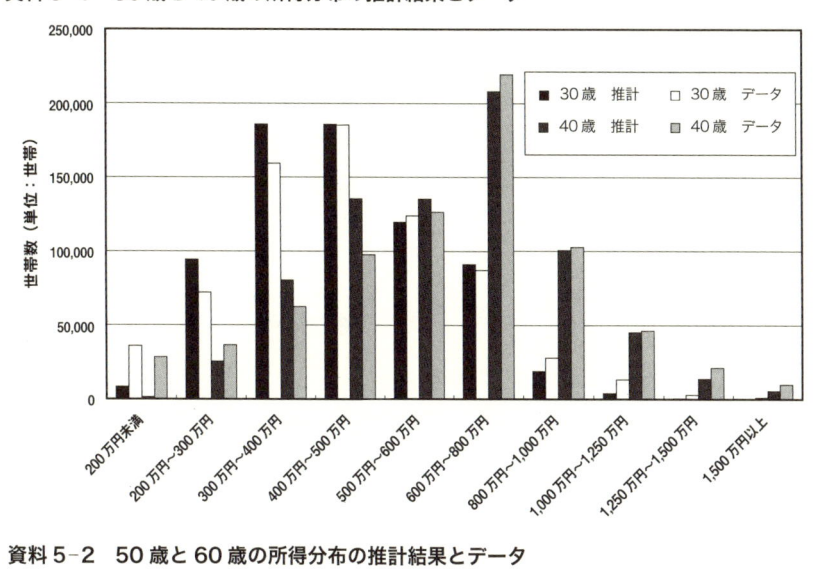

資料 5-2　50 歳と 60 歳の所得分布の推計結果とデータ

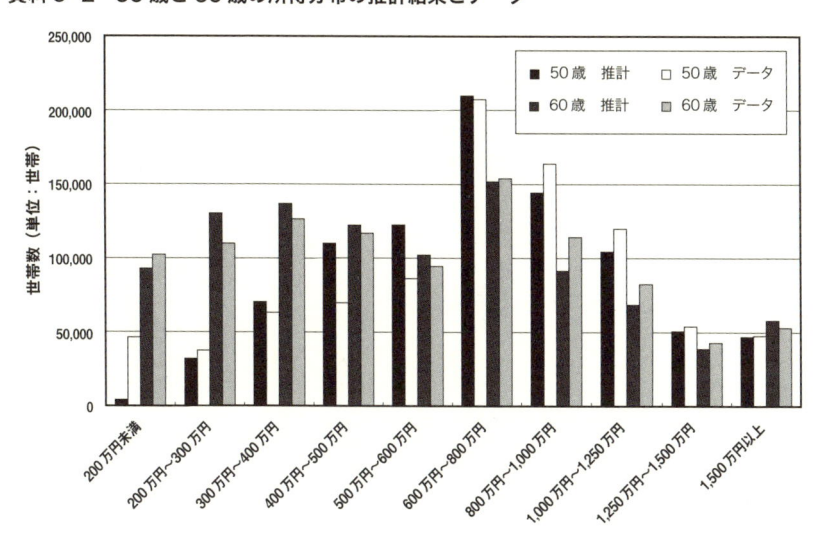

資料5-3　70歳と80歳の所得分布の推計結果とデータ

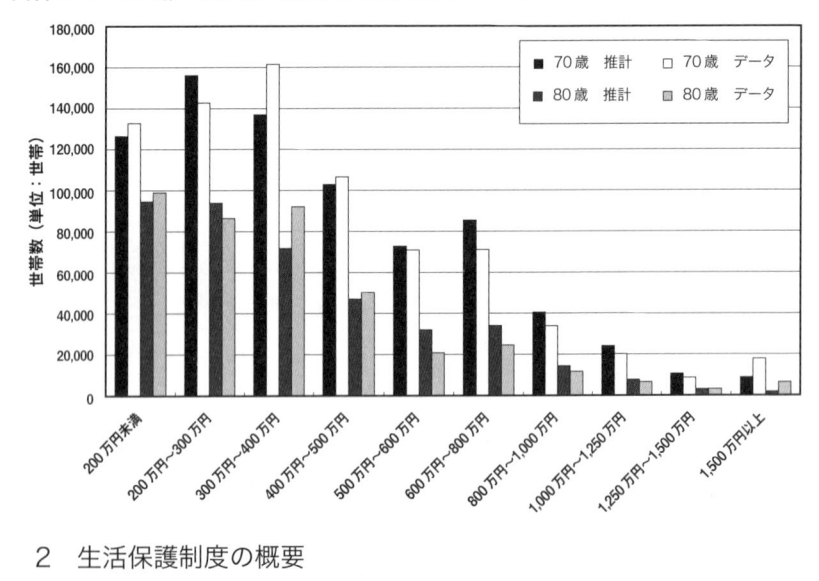

2　生活保護制度の概要

本章のシミュレーション分析においては、2004年を基準年としているため、下記には、2004年制度を示している。2004年制度と2006年制度には、生活扶助基準で若干の違いがある。

最低生活費＝①生活扶助（生活費）＋②住宅扶助（家賃・地代）＋③教育扶助＋④介護扶助＋⑤医療扶助（最低生活費は、被保護者の年齢、世帯構成、所在地により異なる）

収入認定額＝収入額－各種控除額

生活保護支給額＝最低生活費－収入認定額

①生活扶助基準（第1類費）

年齢	基準額（単位：円）
0歳～2歳	16,200～20,900
3歳～5歳	20,420～26,350
6歳～11歳	26,400～34,070
12歳～19歳	32,600～42,080
20歳～40歳	31,210～40,270
41歳～59歳	29,590～38,180
60歳～69歳	27,980～36,100
70歳～	25,510～32,340

②生活扶助基準（第2類費）

人員	基準額（単位：円）
1人	33,660～43,430
2人	37,250～48,070
3人	41,300～53,290
4人	42,750～55,160
5人以上1人ますごとに加算する額	360～440

③住宅扶助基準額　8,000円〜13,000円
④教育扶助基準額　2,150円〜4,180円
⑤介護扶助基準額　住宅介護等にかかった介護費の平均月額
⑥医療扶助基準額　診療等にかかった医療費の平均月額

3　都道府県ごとの年齢階級別の生活保護費の変化（2005年から2025年）

資料5-4　北海道・東北地方

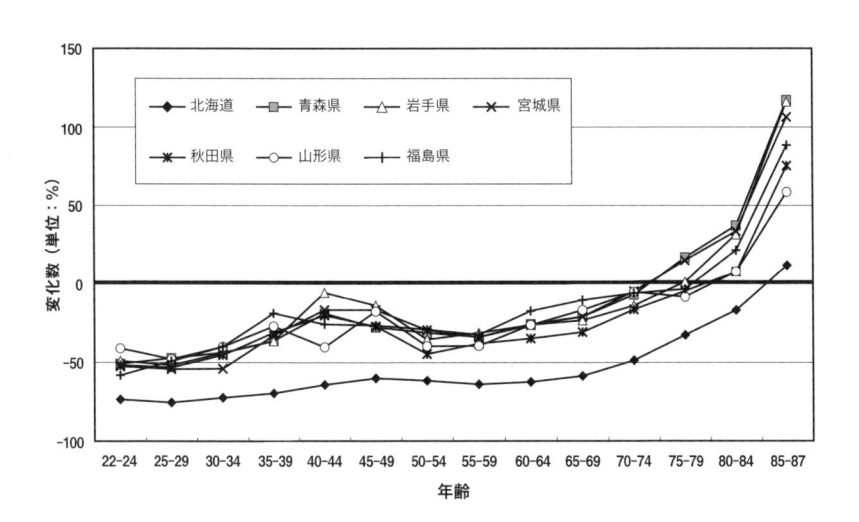

資料5-5　関東地方

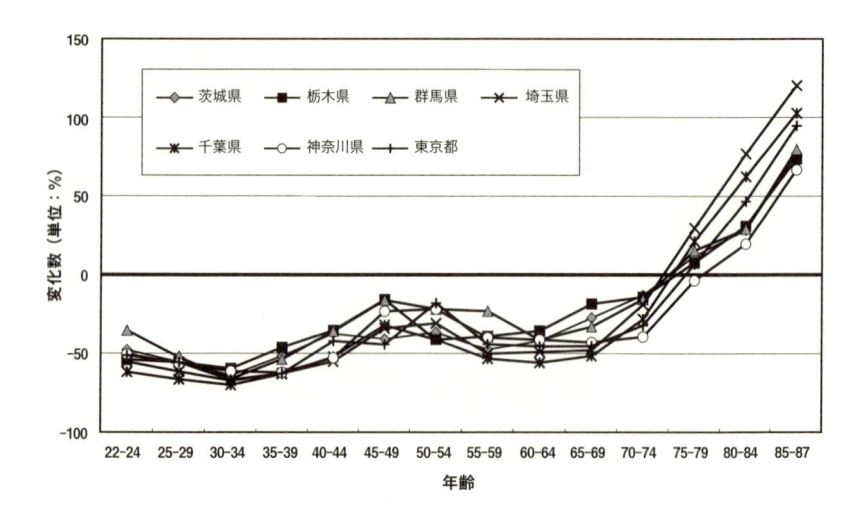

凡例：茨城県、栃木県、群馬県、埼玉県、千葉県、神奈川県、東京都

資料5-6　中部地方

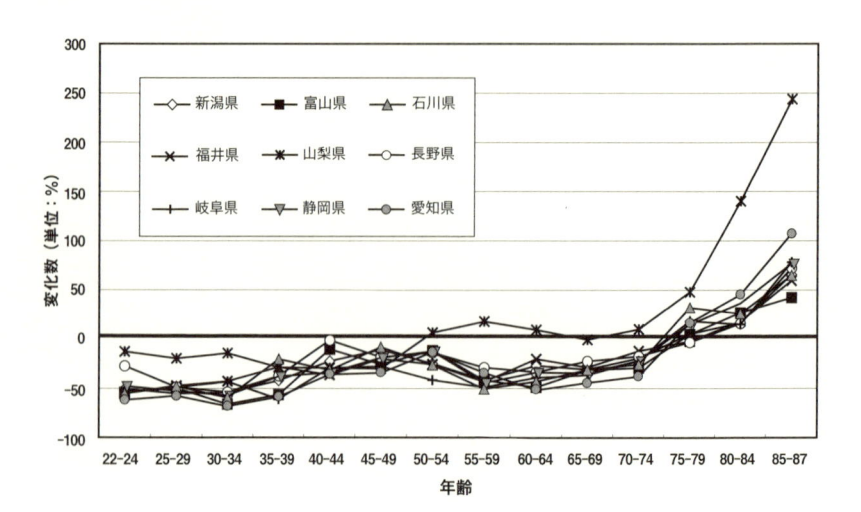

凡例：新潟県、富山県、石川県、福井県、山梨県、長野県、岐阜県、静岡県、愛知県

第5章　少子高齢化が生活保護と財政に与える影響　105

資料5-7　近畿地方

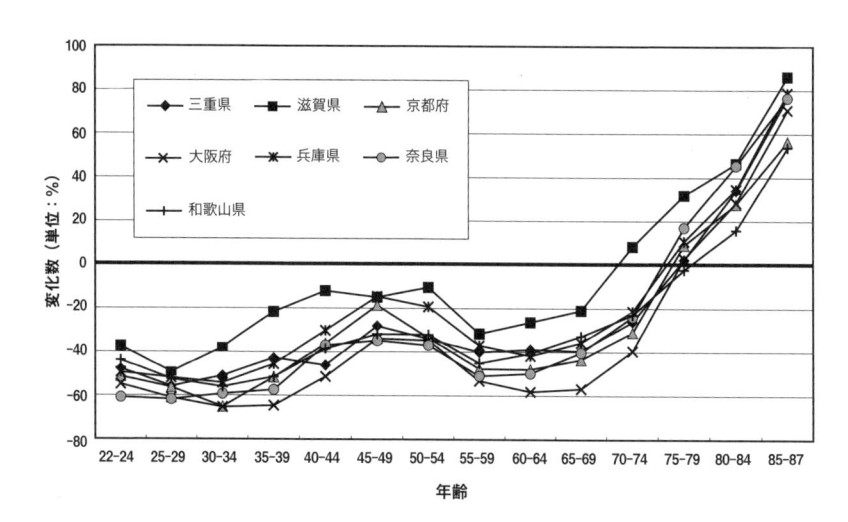

資料5-8　中国地方

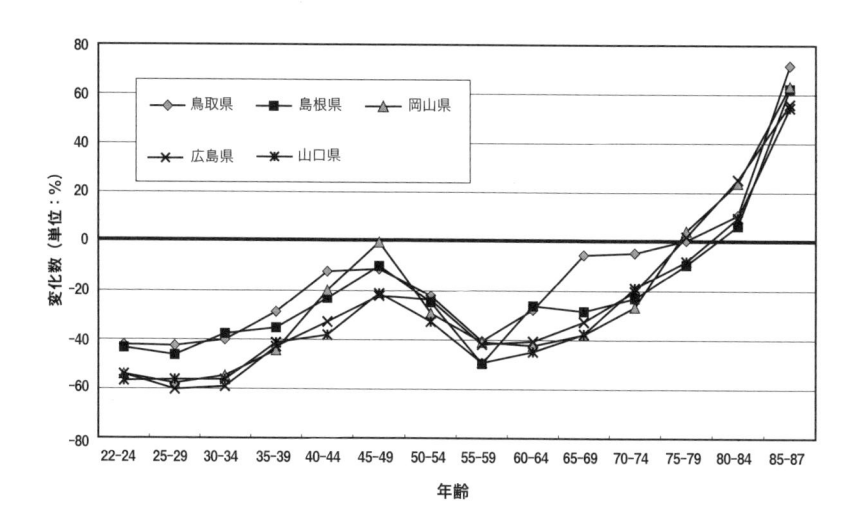

資料5-9　四国地方

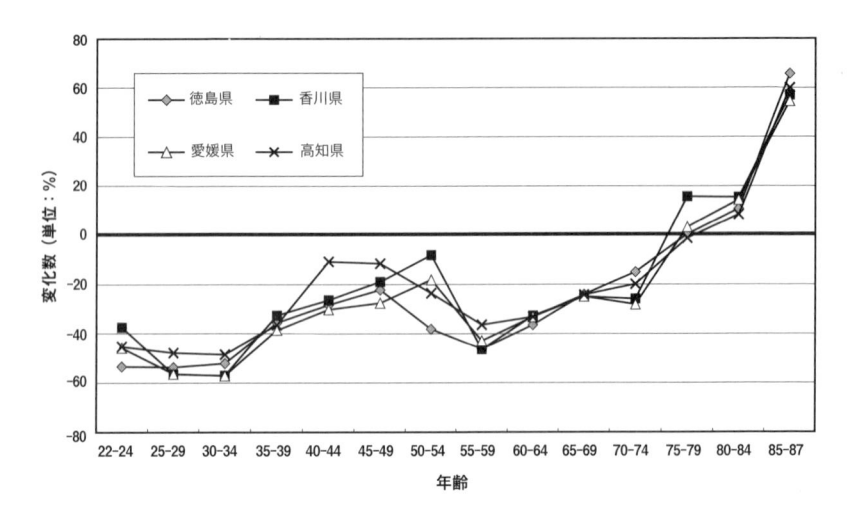

資料5-10　九州・沖縄地方

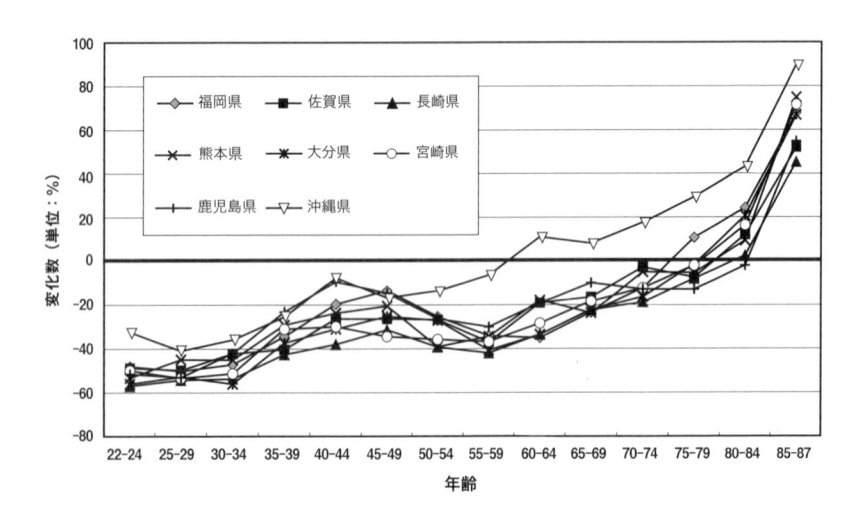

第6章

所得税住民税と生活保護統合の分析

1 はじめに

　少子高齢化の進展、核家族化による家族機能の低下、グローバル化や労働市場の流動化にともなう非正規雇用の増加などの要因によって、ニートやフリーター、ワーキング・プアといった新たな貧困層の出現が社会問題となっている。格差問題については、そもそも経済格差が広がっているか否かについて、経済学者や政府には様々な議論があるものの、貧困の固定化については何らかの経済政策によって是正することが妥当であることは、大方のコンセンサスが得られるであろう。

　わが国の場合、社会保障制度の最終的なセーフティネットは生活保護制度であり、制度が発足した1950年から半世紀以上も福祉政策の重要な位置にある。日本国憲法第25条には「すべて国民は、健康で文化的な最低限度の生活を営む権利を有する」とあり、その理念を実現するために生活保護制度が存在している。

　生活保護法第1条には「(略)、国が生活に困窮するすべての国民に対し、その困窮の程度に応じ、必要な保護を行い、その最低限度の生活を保障するとともに、その自立を助長することを目的とする」とある。すなわち、生活保護制度の目的は、最低限度の生活の保障、自立の助長、以上の2点に集約される。

　景気の回復が持続している一方で、被保護世帯数は増加しており、2005

年には100万世帯を突破した[38]。その要因は複雑で多様であるが、核家族化、高齢化、非正規雇用の拡大、失業率の上昇、離婚率の上昇、といったものが考えられる。

このようななか、生活保護行政を担っている地方自治体や、研究者から、相次いで生活保護制度の問題点や改革案が提示されている。東京都［2004］や新たなセーフティネット検討会（全国知事会・全国市長会）［2006］においては、被保護者の自立支援の立場から、生活保護制度の改革案を提示している。たとえば、東京都［2004］は職業訓練機会の提供に加え、「自立のための一定範囲の資産保有を可能にする「自立準備資金」を創設すること」が提言されている。

新たなセーフティネット検討会（全国知事会・全国市長会）［2006］は、被保護世帯に関して、高齢期と稼働期を分離して対応すべきと提案している。稼働期の被保護世帯には、就労自立支援が重要であり、特に「収入が極めて低く、生活保護基準の境界線近辺にある」ボーダーライン層が被保護世帯に陥ることがないような工夫が必要であると考察している。一方、研究者からの提案としては、八田［2006］、橋本［2006］、森信［2007］が、低所得世帯の就労意欲を促進するように生活保護制度を改革し直す必要があることを訴えている[39]。彼らの提言は、負の所得税のアイディアを生活保護制度に導入すべきという点で一致している。海外に目を向ければ、すでにアメリカやイギリスにおいて、就労促進の観点から負の所得税のアイディアが取り入れられ、社会保障制度と所得税制を統合する改革がなされている[40]。わが国においても、被保護世帯を含む低所得世帯に対して、就労支援を実施することが、政策的な課題となってきていると考えられる。

このように、近年になって矢継ぎ早に生活保護制度の改革の必要性が指摘

---

38) 厚生労働省『福祉行政報告例』によると、被保護世帯数は2006年12月時点で108万4753世帯（被保護実人員152万5512人）であり、1年間で約3万世帯（約40万人）増加している。

39) 井堀［2002］は、所得以外の経済格差を取り込めない負の所得税の限界を指摘しつつも、勤労意欲の面からは負の所得税のメリットを取り入れる改革が必要であると述べている。

40) イギリスとアメリカの制度と導入における背景については、木原・柵山［2006］、玉田・大竹［2004］、橋本［2001, 2002］、社会保障制度審議会事務局［1975］、負の所得税研究会［1973］、星野［1973］などを参照。

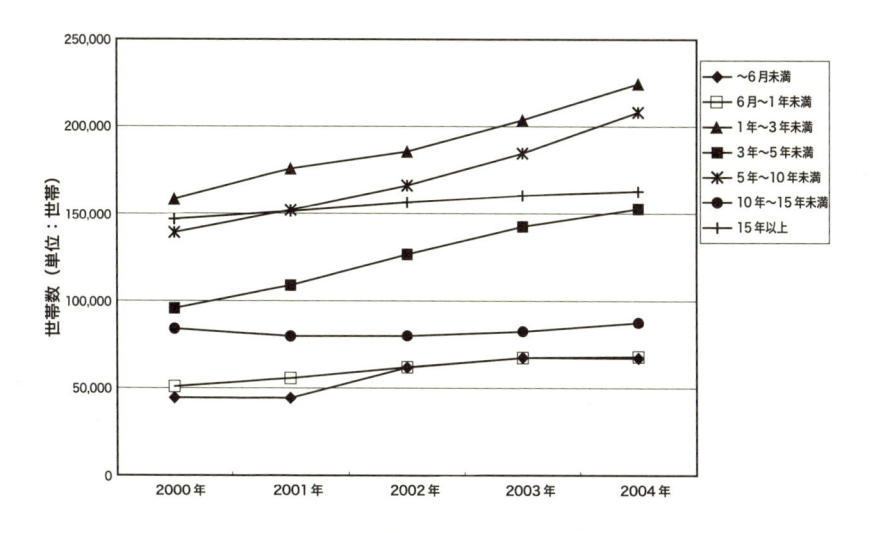

図 6-1 被保護世帯の受給期間の推移
（出所）厚生労働省［2000-2004］『被保護者全国一斉調査』より作成。

されている。その背景には非正規雇用の拡大や失業率の上昇がある。生活保護の動向編集委員会『生活保護の動向』によると、保護開始の理由としての「就労収入の減少・喪失」は、1990年の3.5％が2004年には15.3％に上昇している。一方、廃止理由の「働きによる収入の増加」は、1990年の16.5％から2004年の12.9％に低下している。それにともなって、稼働世帯が多く含まれる「その他世帯」の被保護世帯が1990年の50,637世帯（被保護世帯のうち8.1％）から2004年の94,148世帯（9.4％）に増えている。また、離婚率の上昇にともない、「母子世帯」も1990年の72,899世帯から2004年には87,478世帯に増えている。

被保護世帯は「高齢者世帯」が大きなシェアを占めるものの、就労支援を考えるならば、むしろ稼働期の世帯を多く含む「その他世帯」や「母子世帯」に目を向けるべきであろう。なぜなら、彼らが自立をあきらめたとき、貧困が固定化するからである。先にみたように、生活保護法の役割のひとつは、自立の助長であった。果たして、生活保護制度は被保護世帯の自立を助長しているのだろうか。

図 6-1 は生活保護の受給期間の推移を示している。ほとんどの受給期間

の区分において、被保護世帯数が増えており、被保護世帯でいる状態が持続的に続いている。もちろん、「高齢者世帯」のシェアが増えていることは割り引いて考える必要がある。しかしながら、自立の助長を目的とする生活保護制度において、貧困の固定化が発生しているならば、それは深刻な問題だといえる[41]。

そこで本章では、自立の観点より生活保護制度を分析する。また、負の所得税が注目されていることから、負の所得税の導入費用を計測する。

本章の構成は次の通りである。2節では生活保護制度の概要と限界税率について計測する。3節は負の所得税の導入費用を推計し、最後の4節では、本節で得られた結果をまとめ、分析上の課題を述べることでむすびとする。

2 生活保護制度と所得税住民税制の限界税率

本節では、自立の助長という観点から、生活保護制度を分析する。伝統的に、生活保護制度は労働意欲を阻害していると指摘されてきた。本節でも、このラインに沿って、限界税率の尺度で生活保護制度を評価する。限界税率とは、限界的に1単位増えた家計の収入に対して課税される税率である。家計の労働供給行動を想定したとき、限界税率がもつ意味は大きい。

さらに、本節では所得税住民税制についても、限界税率の測定の対象とする。この理由は、ボーダーライン層の問題を扱うためである。生活保護制度と所得税住民税制の接続がうまくいっていない場合、ボーダーライン層が生活保護世帯に陥ってしまう可能性が高い[42]。本節の目的は、生活保護制度と所得税住民税制における限界税率の測定によって、自立の助長という役割を生活保護制度が果しているかを考察することにある。このように、限界税率という指標をもちいて生活保護制度と所得税住民税制を評価するのは、本研究が初めての貢献である。

---

41) 被保護世帯にみられる貧困の固定化の存在については、小川 [2000] も指摘している。
42) ところで、生活保護制度と最低賃金の関係は近年に議論になってきた。厚生労働省 [2005] の資料によれば、住宅扶助を考慮する場合に生活保護支給額が最低賃金額を上回る地域が存在する。橘木・浦川 [2006] も指摘しているように、この事実は就労するインセンティブを阻害する。本節は最低賃金については扱わず、生活保護制度と所得税住民税制に分析の焦点を絞っている。

2.1 生活保護制度と所得税住民税制および限界税率
2.1.1 生活保護制度の概要

生活保護制度は、収入だけでは生活が営めない者に対し、最低生活費に満たない不足分を生活保護支給額として給付する。他の法律による給付を優先した上で、それでもなお生活に困窮をきたす場合に資力調査を経て生活保護制度が適用される。

生活保護は8種類の扶助に分けられる。すなわち、(a)生活扶助、(b)教育扶助、(c)住宅扶助、(d)医療扶助、(e)介護扶助、(f)出産扶助、(g)生業扶助、(h)葬祭扶助の8種類である。社会生活を営む上でいろいろな経費がかかるため、各種の扶助もこれに応じて区分されている。

(a)生活扶助は日常生活に必要な経常的経費である。(b)教育扶助〜(h)葬祭扶助は被保護世帯の必要に応じた経費である。医療にかかる費用などは一定ではなく、被保護世帯の個別の事情によって金額が左右される。一方、(a)生活扶助は誰もが最低生活費として計算されるため、本節の限界税率の分析は(a)生活扶助に限定する[43]。

さて、生活保護支給額は、(A)最低生活費から(B)収入認定額を差し引いて計算される。

$$\text{生活保護支給額} = (A)\text{最低生活費} - (B)\text{収入認定額} \quad (6\text{-}1)$$

上式の右辺の(A)最低生活費と(B)収入認定額を計算する尺度となるのが保護基準である。保護基準は、世帯単位を原則とし、要保護者の年齢別、世帯構成別、所在地域別に決定されている[44]。

---

43) (b)教育扶助は所在地に関係なく同一だが、小学校、中学校によって基準額が異なり、児童生徒のいる世帯に給付される。(c)住宅扶助は家賃、間代、地代への給付であり、所在地により異なる。厚生労働省告示「基準額にて定める額を超えるときは、都道府県または政令指定都市、中核市ごとに、厚生労働大臣が別に定める額の範囲内の額とする。」により、基準額以上の住宅扶助が支払われている場合がある。(d)医療扶助と (e)介護扶助は費用の月額平均が基準額となり、基本的には現物給付である。(g)生業扶助は、生計の維持を目的とする健全な小規模の事業を営むために必要な資金などである。また、技能習得費、高等学校等修学費、就職支度費も生業扶助となる。

44) 所在地域は、全国の市町村を物価水準と生活水準の差を考慮して、1級地-1、1級地-2、2級地-1、2級地-2、3級地-1、3級地-2の6区分に分類して基準額を設定している。

第一に、(A) 最低生活費において、先の (a) 生活扶助から (h) の葬祭扶助が考慮される。本節の分析対象となる (a) 生活扶助は、個人的経費である第1類生活扶助と世帯共通経費である第2類生活扶助に区分され、特別の需要のある者はさらに各種加算が合算される[45]。第1類生活扶助は、飲食物費、被服費など個人単位に消費する生活費について定められている[46]。第2類生活扶助は、光熱費や家具什器費など世帯全体としてかかる費用であり、世帯単位で支給される[47]。

　第二は、(B) 収入認定額の計算である。給与所得者の場合は、給与総額より勤労控除と実費控除を差し引いた金額が (B) 収入認定額となる[48]。勤労控除は勤労にともなう必要経費であり、収入額 4,000 円（月額）きざみで、所在地域と就労している世帯人数によって勤労控除額が決められている。

　以上により、(A) 最低生活費から (B) 収入認定額を差し引いた不足額を生活保護費として支給することになる。すなわち、制度上、勤労控除などの配慮があるものの、収入が増えれば生活保護費は減額される仕組みになっている。このことが、家計の労働意欲に悪影響を与えると指摘されてきた。

2.1.2　生活保護制度と所得税住民税制のもとでの家計の収入

　本項では、生活保護制度と所得税住民税制のもとでの家計の収入の関係について図 6-2 をもちいて説明する。

　図 6-2 の横軸は再分配前所得である収入 Y であり、縦軸は再分配後所得

---

45)　生活扶助の各種加算についても被保護世帯の個別の事情によるため、本節の限界税率の分析の対象にしない。なお、加算には、妊産婦加算、母子加算、障害者加算、介護施設入所者加算、在宅患者加算、放射線障害者加算、自動養育加算、介護保険料加算がある。

46)　2006 年度の生活保護制度おける第一類生活扶助基準額は、0 ～ 2 歳は 16,200 ～ 20,900 円、3 ～ 5 歳は 20,420 ～ 26,350 円、6 ～ 11 歳は 26,400 ～ 34,070 円、12 ～ 19 歳は 32,610 ～ 42,080 円、20 ～ 40 歳は 31,210 ～ 40,270 円、41 ～ 59 歳は 29,590 ～ 38,180 円、60 ～ 69 歳は 27,980 ～ 36,100 円、70 歳以上は 25,510 ～ 32,340 円のように所在地域によって決められている。なお、世帯人員が 4 人の場合は、個人別の基準額を合算した額に 0.98 を乗じた額となる。また、世帯人員が 5 人以上の場合は、個人の基準額を合算した額に 0.93 を乗じた額が支給額となる。

47)　第 2 類生活扶助基準額は、世帯人員 1 人では 33,660 ～ 43,430 円、世帯人員 2 人は 37,250 ～ 48,070 円、世帯人員 3 人は 41,300 ～ 53,290 円、4 人では 42,750 ～ 55,160 円、そして 5 人以上の世帯は 1 人増すごとに 360 ～ 440 円を 4 人世帯の基準額に加算する。

48)　実費控除とは通勤費や社会保険料であるが、本節の限界税率の分析においては考慮しない。

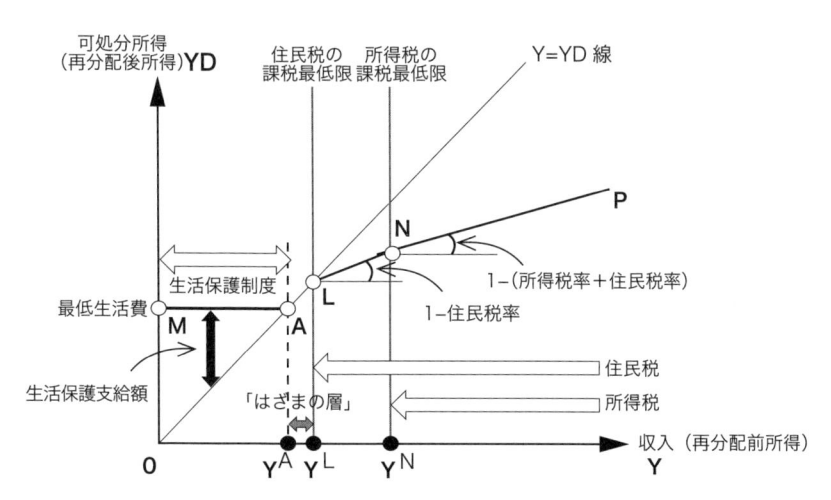

図6-2 生活保護制度と所得税住民税制のもとでの家計の収入

である可処分所得 YD である。生活保護制度や所得税住民税が存在しない場合、家計の収入 Y = 可処分所得 YD となって、$Y=YD$ 線が描かれる。また、生活保護制度における勤労控除と実費控除の存在は無視し、所得税住民税制も一定の税率をもっていると仮定して図6-2を作成した。

まず、収入ゼロの家計は、生活保護制度によって最低生活費 OM が支給される。収入が Y^A 未満の家計は、生活保護制度によって最低生活費が保障される。図6-2では、生活保護支給額は(A)最低生活費と(B)収入認定額を意味する $Y=YD$ 線の差で表現される。そのため、家計は収入 Y を限界的に得たとしても、その分だけ生活保護支給額が削減される。この状況においては、限界的な収入に対して100％の課税がなされていることと同じであるから、家計が直面する限界税率は100％となる。

Y^A から Y^L までの収入を得ている家計は、生活保護制度も所得税住民税制も対象にならない。このような家計のことを、村上 [1984] は「はざまの層」と呼んだ。「はざまの層」が存在するかどうかは、ボーダーライン層の問題を考えるときに重要となる。

Y^L から Y^N までの収入を得ている家計には、住民税が課税される。すなわち、Y^L は住民税の課税最低限を意味する。したがって、この家計が直面

する限界税率は住民税率と等しくなる。また、Y^N以上の収入を得る家計には、住民税に加えて所得税も課税される。Y^Nは所得税の課税最低限となる。同様に、この家計が直面する限界税率は、所得税率と住民税率の合計で表現される。

以上により、生活保護制度と所得税住民税制を考慮した場合の家計の可処分所得YD線は、OMALNPで示されることになる。

2.1.3 家計の労働供給行動と限界税率

本項では、家計の労働供給行動と限界税率の関係について簡単にまとめておこう。

まず、家計は効用関数$U(C, L)$を持つとする。家計は消費Cと余暇Lからプラスの効用Uを得る。家計の予算制約は、$C=W(E-L)-T$である。ここで、家計が労働と余暇のために保有している総時間E、家計が直面する賃金率W、所得税住民税Tもしくは生活保護支給額$(-T)$である。$T>0$の場合は所得税住民税額となり、$T<0$であれば生活保護支給額となる。

総時間Eから余暇Lを差し引けば労働供給$\Phi=E-L$となり、労働供給Φに賃金率Wを乗じた収入$Y=W\Phi$から、所得税住民税Tを控除、もしくは生活保護支給額$(-T)$を加算した金額が可処分所得YDを経て消費Cとなっている。なお、ここでは可処分所得YD＝消費Cであり、家計は貯蓄を行わないと考えるか、消費Cは将来消費（すなわち貯蓄）を含んだ概念だと考えている。

単純化のために、所得税住民税Tまたは生活保護支給額$(-T)$が、税額控除もしくは最低生活費を考慮した線形関数で表現できると考えよう。すなわち、一定の限界税率$t(0\leq t\leq 1)$と、一定の税額控除もしくは最低生活費M (>0)として、$T=tW\Phi-M$とする[49]。

家計が労働しない場合$(E=L)$、$T=-M$となって最低生活費Mが生活保護支給額$(-T)$として支給される。家計が働きだして$(E<L)$プラスの収入$Y=W\Phi$を得るようになれば、収入に限界税率tを乗じた部分$tW\Phi$だけ、

---

49) この場合、単純化のために生活保護制度と所得税住民税制は統合された線形関数で表現されており、両制度ともに適用されないはざまの層は存在しないことを仮定している。

生活保護支給額（-T）が削減される。やがて、$tW\Phi=M$ となる労働供給 Φ を行うとき、所得税住民税または生活保護支給額 $T=0$ となる。さらに、家計が追加的に労働供給を行えば、家計は所得税住民税額 $T>0$ を負担するようになる。このとき、家計が直面する所得税住民税の課税最低限は M/t として表現できる。

以上のように、家計の労働供給行動に対し、生活保護制度と所得税住民税制は影響を与える。家計の効用関数を目的関数として、生活保護制度と所得税住民税制を考慮した予算制約を制約条件としたとき、家計の労働供給関数 $\Phi(W, t, M)$ として得られる。すなわち、家計の労働供給は、賃金率 W、限界税率 t、税額控除もしくは最低生活費 M によって影響を受ける。

本節の分析は、この3つの変数のうち、限界税率 t に注目していることになる。次節では、現行の生活保護制度と所得税住民税制の限界税率を推計した結果を示す。

2.2 生活保護制度と所得税住民税制の限界税率の推計
2.2.1 限界税率の推計方法

本項では現行の生活保護制度と所得税住民税制がもつ限界税率の推計を行う。ここで、限界税率の推計方法について整理しておこう。

再分配前の収入 Y_i をもつ第 i 階級の家計 i が直面する限界税率 t_i の計測を考える。この家計 i が労働供給 Φ_i を追加的に増やし、限界的な収入 ΔY_i を得たとする。このとき、この家計 i が直面する限界税率 t_i は次のようにして得られる。ここで、ΔT_i は生活保護支給額もしくは所得税住民税額の変化である。

$$t_i = \Delta T_i \big/ \Delta Y_i \qquad (6\text{-}2)$$

たとえば、追加的に家計が1,000円だけ収入 ΔY を増やしたとき、その1,000円に対する所得税住民税額の増加分 ΔT が300円であれば、その家計に対する所得税住民税制がもつ限界税率 t は30％となる。一方、生活保護制度の場合は、同じように家計が1,000円だけ収入 ΔY を増やしたとき、最低生活費 M が一定で可処分所得 YD に変化がない場合、生活保護支給額の

減少分（$-\mathit{\Delta}T$）が1,000円であれば、この家計に対して生活保護制度がもつ限界税率tは100％となる[50]。

2.2.2　限界税率の推計結果

以上の設定のもとで、2006年制度をもとにした生活保護制度と所得税住民税制の限界税率を、特定の世帯を想定して計測した。ただし、生活保護制度については家計の所在が2級地-1であると想定する。また、所得税住民税制については基礎、配偶、扶養、社会保険料の所得控除を考慮している[51]。

第一の分析対象は、20～40歳の単身世帯である[52]。図6-3の横軸は年間の収入Yで、縦軸は限界税率tを示している。この世帯の最低生活費Mは91万円であるが、勤労控除が存在するために、収入が118万円になるまで生活扶助を受けることができる。図6-3によって指摘したいことは次の2点である。

第一に、この家計が被保護世帯となっているときの限界税率tは、ほぼ100％になっていることである。これが、生活保護制度がもつ労働意欲への阻害の可能性である。限界税率が低下している箇所がいくつも見られるが、これは勤労控除の影響である。

勤労控除は収入のブラケットによって控除できる金額が決められているため、あるブラケットを超えて次のブラケットに達するほど収入を増やさなければ、より高い金額の勤労控除を適用することはできない。そのため、限界税率が上下に動く。したがって、同じブラケット内にとどまっている収入をもつ家計に対しては、100％の限界税率が適用されている。このことは、ブ

---

[50]　たとえば、最低生活費Mが10,000円のとき、6,000円の収入Yをもつ家計は当初に4,000円の生活保護支給額（$-T$）を受けており、家計の可処分所得YDは10,000円となる。ここで、限界的に家計が1,000円だけ収入$\mathit{\Delta}Y$を増やしたとき、生活保護支給額（$-T$）が3,000円に減額され、家計の可処分所得YDは10,000円で変わらないとする。このとき、この家計に対する生活保護支給額の変化（$-\mathit{\Delta}T$）は、1,000円（＝4,000円－3,000円）の減額であり、家計にとって可処分所得に変化がないのであれば、限界的に増やした収入$\mathit{\Delta}Y$1,000円に対して100％の限界税率tが適用されたと考えることができる。

[51]　社会保険料は財務省方式によって計算している。財務省方式については財務総合政策研究所『財政金融統計月報：租税特集』を参照。

[52]　20～40歳の年齢を分析対象としているのは、稼働できる年齢の世帯を分析するためである。

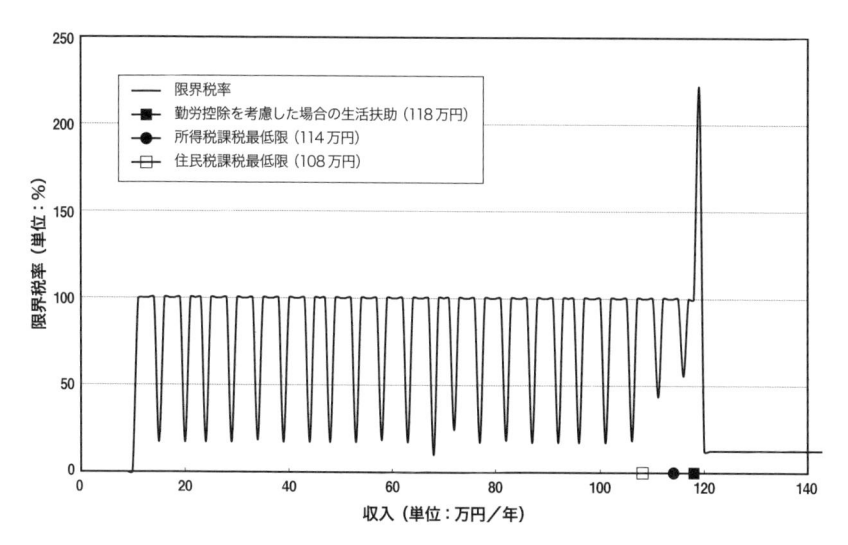

図6-3　単身世帯（20～40歳）の限界税率

（備考）課税最低限（社会保険料控除を含む）は、財務総合政策研究所『財政統計金融月報：租税特集』を参照した。

ラケット内の家計の労働意欲を阻害している恐れがある。

　第二に、「収入が極めて低く、生活保護基準の境界線近辺にある」ボーダーライン層の収入は、この場合は118万円程度に相当するが、このときの限界税率は100％を超えて極端に高くなっている。これは、収入が増えて生活保護制度の適用が終わるや否や、すぐに所得税住民税が課税されるからである。そのため、ボーダーライン層の労働意欲を極端に阻害している可能性が指摘される。

　この問題は、勤労控除を考慮した場合の生活扶助に比べ、所得税住民税の課税最低限が低いことによって発生している。この事実は、被保護世帯の生活保護制度からの脱却を難しくし、ボーダーライン層を被保護世帯に向かわせる。したがって、現行制度は、生活保護制度の目的である自立の助長に沿った制度として設計されていないと考えられる。

　また、村上［1984］などの既存研究では、生活保護制度も所得税住民税制も適用されない「はざまの層」の存在が指摘されていた。しかしながら、2006年制度においては、20～40歳の単身世帯には「はざまの層」が存在し

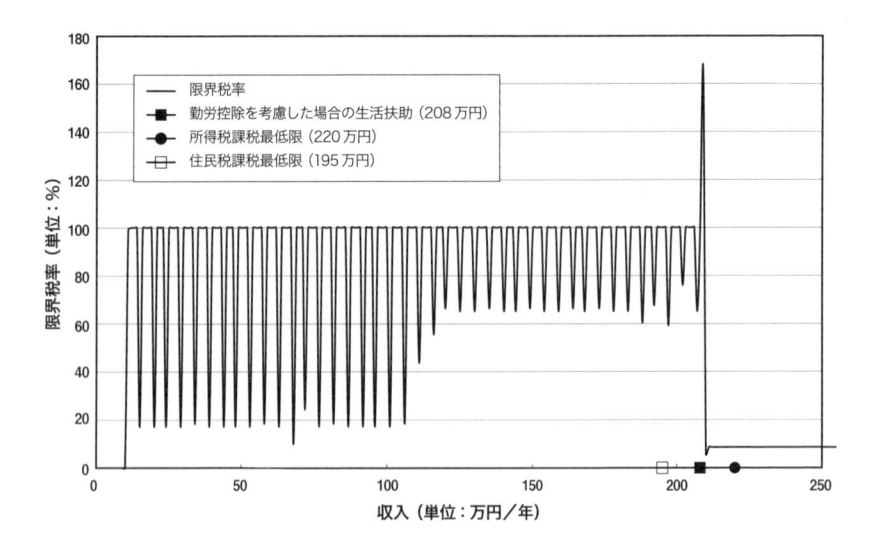

図6-4 家族世帯(世帯主20〜40歳、専業主婦、3〜5歳の子ども)の限界税率

ていないことになる。「はざまの層」が存在しないことが、このようなボーダーライン層の問題を引き起こしているといえる。

さて、これらの問題は、世帯人員が増えたときに、どのように変化するのであろうか[53]。続いて、20〜40歳の世帯主、専業主婦と3〜5歳の子どもが1人いる家族世帯(3人家族)に対する限界税率を図示したものが図6-4である。図6-3と同様に、①限界税率が100%を基準にして勤労控除の存在によって上下すること、②ボーダーライン層へは100%を超える極端に高い限界税率が適用されること、以上の2点を指摘することができる。

ただし、注目すべきことは、この家計が被保護世帯であるとき、収入を増やせば限界税率の低下の幅が小さくなることである。この理由は勤労控除の仕組みにある。収入が増えれば勤労控除も増えるように制度設計がなされているものの、収入の増加に比較して勤労控除の増加は抑制されている。すなわち、勤労控除を収入で除算した比率を勤労控除率と呼べば、勤労控除率は収入が増えるにしたがって逓減する。したがって、被保護世帯が労働によっ

---

[53] 世帯主が20〜40歳の専業主婦世帯(夫婦世帯)についても同様の分析をおこなったが、単身世帯と同様の結果であった。

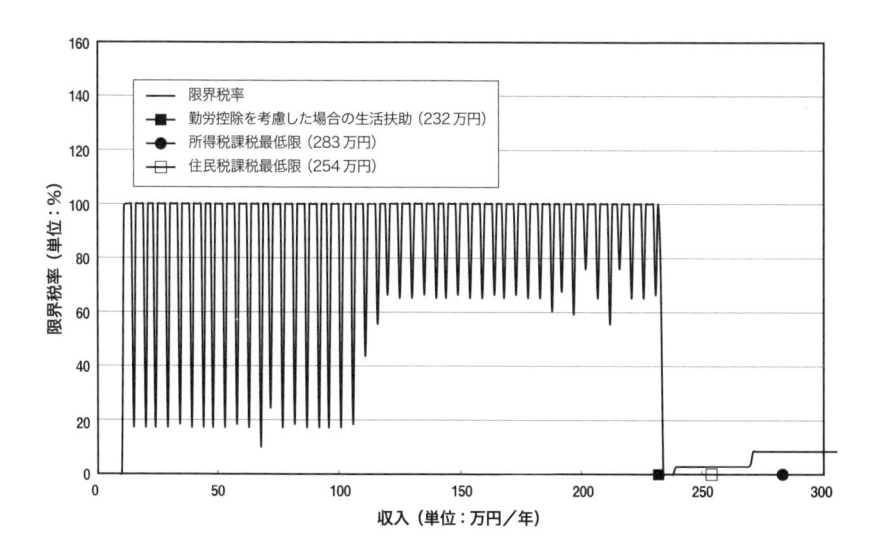

図 6-5 家族世帯（世帯主 20 〜 40 歳、専業主婦、3 〜 5 歳の子ども、0 〜 2 歳の子ども）の限界税率

て収入を増やそうというインセンティブを弱めているかもしれない。

次に、世帯人員をさらに一人追加した場合を検討する。図 6-5 は、先の家族世帯に 0 〜 2 歳の子どもを追加した家族世帯（4 人家族）の限界税率を示している。ここで重要なことは、ボーダーライン層への 100％を超える限界税率が消えていることである。これは、扶養家族が増えることによって、勤労控除を考慮した場合の生活扶助よりも、所得税住民税制の課税最低限が大きくなるからである。これにより、「はざまの層」が復活している。

2.2.3 ボーダーライン層への限界税率の経年変化

これまでの分析により、ボーダーライン層への 100％を超える限界税率は、世帯人員が増えれば消滅する可能性が指摘された。それでは、このようなボーダーライン層への限界税率の問題は、過去のどの時点の制度改革から発生したのだろうか。図 6-6 は、過去の生活保護制度および所得税住民税制に対して同じ手法を適用し、20 〜 40 歳の単身世帯に対する限界税率の経年変化をみたものである。なお、収入については総務省統計局『消費者物価指数年報』の総合指数（2005 年基準）で実質化して図示している。

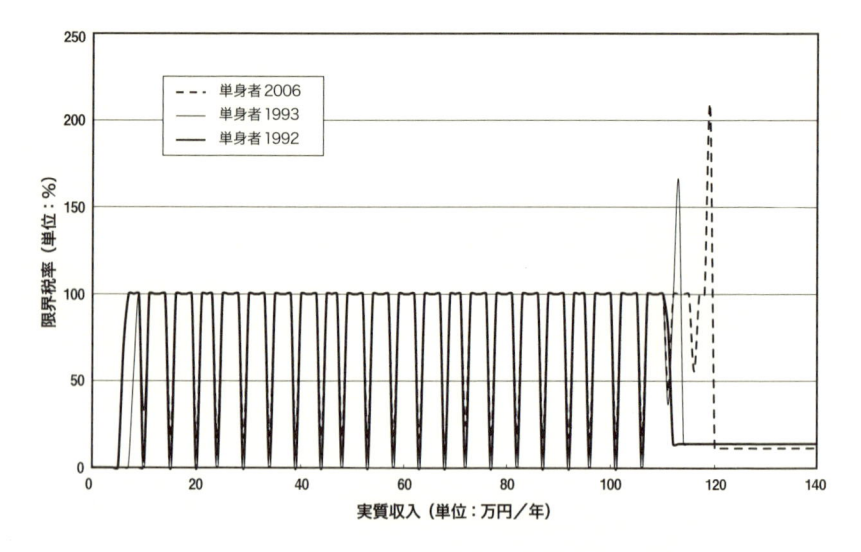

図6-6 単身世帯（20〜40歳）に対する限界税率の経年変化

　1992年制度においては、100％を超える限界税率は存在しない。しかしながら、1993年制度になったとき、100％超の限界税率が発生する。1992年と1993年において、所得税住民税制は同じ制度であった。一方、生活保護制度の改革により、生活扶助基準は前年比で102.2％の増加となった。そのため、最低生活費が所得税住民税制の課税最低限を超えてしまったのである。
　このようなボーダーライン層への極端に高い限界税率の存在は、生活保護制度が自立の助長を目的とするならば、大きな問題である。本節の分析では生活扶助のみを最低生活費の対象にしたが、その他の各種扶助を考慮して、最低生活費がさらに大きくなれば、ボーダーライン層への限界税率の問題はより深刻になることは容易に想像できる。最低生活費は所得税住民税制の課税最低限の水準を下回るように、もしくは課税最低限は最低生活費の水準を上回るように設計することが、家計の労働意欲を減退しないために必要であろう。

3　負の所得税の導入費用

　本節では、就労支援を強調し、負の所得税の導入を検討するのではなく、所得再分配政策として負の所得税について考察する。その理由として、現状の生活保護世帯において就労可能な世帯は限られており、就労支援の立場から、負の所得税のアイディアを取り入れたとしても、その政策効果は限定的であると考えられるからである。

　少子高齢化の進展、財政再建の必要性など、今後の経済政策は低所得世帯に厳しい改革が求められる可能性が高い。このとき、社会保障制度と所得税制を統合し、所得再分配政策として負の所得税を検討する余地がでてくることになる。

　しかしながら、負の所得税を導入する上で最大の難関が導入費用である。後に既存研究をサーベイするが、導入費用の推計は、わが国では20年以上も前にいくつか実施された。ところが、それ以後の研究は皆無である。そこで、本節の目的は、負の所得税の導入費用を推計することにある。

　どの程度のコストが必要なのかを知ることは、政策を検討する上において欠かせない情報である。負の所得税の最大の問題は多額の導入費用だと指摘されているが、実際はどのような負の所得税を想定するかで導入費用は変化する。

3.1　負の所得税の導入費用の概要

　負の所得税はM. フリードマンやJ. トービンによって提唱され、欧米の経済政策に影響を与えてきた[54]。本項では簡単に負の所得税の概要について述べよう。

　図6-7において、負の所得税の導入費用を概念的に明らかにできる。横軸は再分配前所得の収入Yであり、縦軸は再分配後所得の可処分所得YDで

---

54)　M. フリードマンとJ. トービンの負の所得税については、村上 [1984]、高山 [1980]、倉林 [1976]、負の所得税研究会 [1973]、地主 [1984] などを参照。オリジナルはそれぞれ、Friedman [1962]、Tobin, Pechman and Mieszkowski [1967] である。

ある。

まず、収入 Y がゼロであれば、生活保護制度により最低保障所得 OM が保障される。すなわち、M 点から可処分所得 YD が始まり、収入が Y^A に至る A 点まで最低保障所得が可処分所得となる。その後、収入が Y^L になる L 点までは、生活保護制度も所得税住民税も対象とならないため、収入 Y がそのまま可処分所得 YD となる[55]。L 点を過ぎ、Y^L から Y^N に至る N 点までの家計の収入 Y には、住民税が課税される。N 点以降の Y^N を超える収入 Y に対しては、所得税と住民税が課税される。以上より、現行の生活保護制度と所得税住民税制のもとでは、可処分所得 YD は MALP となる。

一方、線形の負の所得税は 3 つの要素、①最低保障所得、②限界税率、③正負所得税が分岐する収入から構成される。①最低保障所得は負の所得税の切片、②限界税率は傾きの要素、③正負所得税分岐収入は負の所得税と正の所得税がちょうどゼロになる収入である。これらが決まれば、負の所得税と所得税住民税制が接続する D 点が自動的に決定される。

図 6-7 によると、負の所得税の導入費用は、「上乗せ部分」と「減税部分」の 2 つに分解できる。「上乗せ部分」とは、現行の生活保護制度による給付を超える負の所得税による給付部分である。「減税部分」とは、負の所得税の導入によって、現行の所得税住民税を減税する部分である。

ところで、フリードマン型の負の所得税は、所得税の課税最低限 N 点を負の所得税の接続点 D 点に一致させ、限界税率を 50% として最低保障所得である切片を決める。そのため、導入費用において「減税部分」は発生しない。図 6-7 では現行の生活保護制度における最低保障所得と、負の所得税の②最低保障所得が一致しているように図示されているが、負の所得税の設計においては必ずしも一致させる必要はない。そのため、フリードマン型の場合、①最低保障所得が相当低くなる可能性がある。

一方、トービン型の負の所得税は、図 6-7 に示された負の所得税に近い形となる。すなわち、所得税住民税の「減税部分」の発生を許容する。本節では、トービン型の負の所得税の導入費用を推計する。その理由は次の通り

---

55) 村上 [1984] や高山 [1980] は、生活保護制度も所得税住民税も対象とならない収入の家計を「はざまの層」と呼んだ。

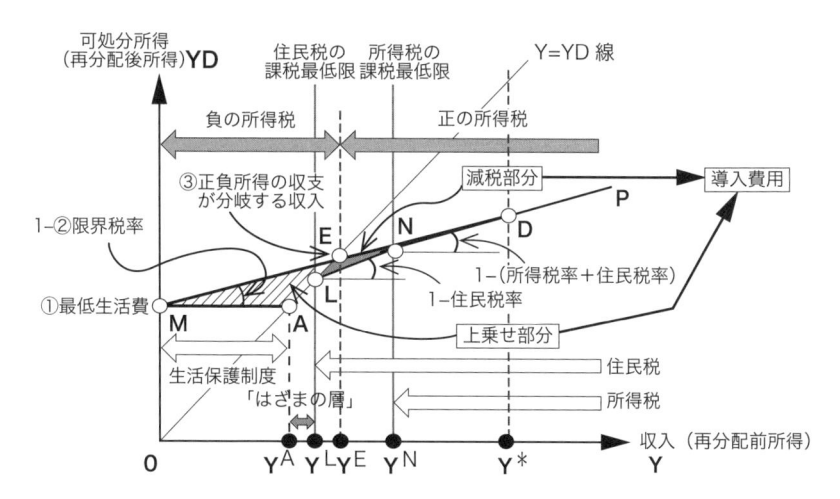

第6章　所得税住民税と生活保護統合の分析　123

図6-7　現行制度と負の所得税の構造と導入費用の概念図

である。

　第一に、すでに生活保護制度によって①最低保障所得が世帯ごとに決められており、この金額を低めることは、生存権を定めた憲法の要請などにより、政策的に困難だと考えられるからである。ただし、①最低保障所得といっても、すべての扶助を含む生活保護基準なのか、生活扶助基準なのかによって、負の所得税の導入費用は変わってくる。本節では両者の場合を推計する。

　第二に、①最低保障所得が決められれば、あとは②限界税率を適当に定めることで負の所得税を設計でき、容易に導入費用を推計できるからである。課税最低限を出発点としても、所得税と住民税のどちらの課税最低限を採用すべきか、判断が難しい。

　以上により、本節が推計する負の所得税の導入費用の概念について解説を終えた。次節において既存研究をサーベイし、本節の分析の特徴について考察したい。

3.2 既存研究と本節の貢献

本節と関連する既存研究は、負の所得税の実証研究である。わが国を対象にして負の所得税の実現可能性について実証的に検討した研究は極めて少ない。たとえば、中桐[1973]、倉林[1976]、高山[1980]、村上[1984]がある。

既存研究は、わが国において負の所得税を導入した場合に、どの程度の導入費用が発生するかを計測しているという点で、共通した問題意識をもつ。しかしながら、これらの研究を相互に単純に比較することはできない。その理由は下記の通りである。

第一に、どのようなタイプの負の所得税を想定しているかによって、導入費用の解釈と規模が変わってくる。①最低保障所得が大きいほど、②限界税率が小さいほど、③正負所得税分岐収入が大きいほど、導入費用は増加する。

第二に、負の所得税の導入費用の推計に利用されたデータや想定の違いである。わが国においては、低所得世帯の統計が整備されていない。加えて、生活保護制度は世帯単位で給付されるため、子どもが何人いるか、高齢世帯、一人親世帯などの世帯属性の情報が必要である。しかしながら、低所得世帯の世帯属性が網羅的にわかる統計は存在しない。そのため、負の所得税の導入費用の推計においては、どうしても恣意的な想定をおかざるを得なくなる。このように、データや想定の違いによって、結果として得られた導入費用の推計値が左右されることに注意しなければならない。

第三に、分析対象とされる時期の特性である。たとえば、景気の良い時期であれば、相対的に低所得世帯が少なく、生活保護の被保護世帯も少なくなる。逆に、景気の悪い時期であれば、低所得世帯や被保護世帯も多くなる。そのため、景気の良い時期を分析の対象にして、負の所得税の導入費用を推計するならば、導入費用は過小に得られ、逆に景気の悪い時期であれば、過大になるであろう。

さて、既存研究の分析結果についてサーベイしたものが、表6-1である。既存研究については、下記の特徴を見つけることができる。

第一に、すべての既存研究が、所得分布のデータとして『国民生活基礎調査』（旧名は『国民生活実態調査』）を利用していることである。しかしながら、『国民生活基礎調査』でも、低所得世帯のデータを十分にカバーして

いるとはいえない。わが国の統計から低所得世帯の実態が判明しないことから、駒村［2003］、和田・木村［1998］、曾原［1985］などは、統計を駆使して低所得世帯もしくは貧困世帯の計測を行っている。このことは、負の所得税の導入費用を推計するときにも、立ちはだかっている大きな技術上の障壁である。

　第二に、すべての既存研究において、ある特定の世帯の属性を想定することで負の所得税の導入費用が推計されている。たとえば、中桐［1973］では4人世帯を想定している。これは、低所得世帯がすべて4人世帯だと考えることになり、やや極端で画一的な想定かもしれない。その後の村上［1984］、高山［1980］、倉林［1976］においては、世帯人員数（主に子ども数）の違いを織り込んだ推計がなされている。

　第三に、負の所得税を想定する際の①最低保障所得は、既存研究によって様々な想定がなされていることである。比較的多いケースは、所得税課税最低限や住民税課税最低限である。しかしながら、負の所得税における①最低保障所得とは、最低生活水準を保障する所得であるから、課税最低限の想定は高すぎる。課税最低限を①最低保障所得にする場合は、負の所得税の導入費用が大きく推計される。

　現行の生活保護制度が、憲法第25条の「最低限度の生活」を保障するものであると解釈するのであれば、①最低保障所得は現行の生活保護基準もしくは生活扶助基準を採用することが妥当である。その点で、生活扶助基準を採用している村上［1984］と、高山［1980］の生活保護基準よりも低い①最低保障所得のケースの推計結果は参考になる。

　既存研究のほとんどが、課税最低限を①最低保障所得として採用してきたことは、先に述べたデータの制約と無関係ではない。低所得世帯をカバーしていないデータを使わざるを得ない場合、①最低保障所得を高めに設定しなければ、負の所得税を分析できない。そのため、既存研究のほとんどが、課税最低限のように①最低保障所得にはふさわしくない想定をせざるをえなかったと考えられる。

　また、低所得世帯をカバーし切れていない所得分布データを負の所得税の導入費用の推計に利用するとき、低所得世帯が全体の所得分布に対して過小

に評価される可能性もある。この場合は、導入費用が過小に推計される危険性がある。

最後に、表6-1の導入費用の対GDP比をみれば、推計結果が計算の想定に相当左右されることがわかる。導入費用の推計にあたっては、以上に掲げた諸点を十分に考慮した上で、推計を行わねばならない。既存研究のサーベイを踏まえて、本節の分析の特徴と貢献について述べよう。

第一に、本節の分析において①最低保障所得は、村上［1984］と同様に生活扶助基準、もしくは生活保護基準を採用する。①最低保障所得をこれらの水準に固定し、②限界税率を適当に設定したときの負の所得税の導入費用を推計する。

第二に、本節では既存研究とは異なるデータを利用する。本節が利用するのは、総務省統計局［2006］『全国消費実態調査』と国立社会保障・人口問題研究所［2003］『日本の世帯数の将来推計（全国推計）』である。もちろん、『全国消費実態調査』も、低所得世帯を十分にカバーできておらず、先に掲げた統計と同じ問題を抱えている。その問題については、所得分布関数を推計することで解決を図る。所得分布関数が推計できれば、低所得世帯数を推計できる。この方法で近似的にわが国の所得分布状況を再現し、そのデータセットに対して負の所得税を適用するのである。

第三に、『全国消費実態調査』を利用するもうひとつのメリットは、『日本の世帯数の将来推計（全国推計）』を合わせて利用することで、世帯主の年齢、一人親世帯、世帯人員数など、細かい世帯属性を考慮できることである。特に、生活保護支給額は年齢によって金額が変化するから、年齢を考慮できる利点は大きい。

高齢化が進んでいるわが国の状況を考えれば、年齢によって世帯を区別することは、分析上、必要不可欠である。後の推計では、65歳未満の世帯に限定した負の所得税の導入費用を推計する。このような推計は、年齢を区別しなければ不可能である。

本節は、既存研究とは異なるアプローチで負の所得税の導入費用を推計する。このことは本節の分析上の貢献である。本節では、個票データではなく、ある程度集計された所得分布データをもちい、分布関数を推計する方法

第6章 所得税住民税と生活保護統合の分析　127

表6-1　わが国における負の所得税の導入費用の推計結果

	対象年	所得分布データや想定	①最低保障所得	②限界税率	導入費用	対GDP比
中桐 [1973]	1973年	『国民生活実態調査』『家計調査年報』4人世帯を想定	勤労者世帯の年間収入5分位第1分位の消費支出額を基礎とする	70%	4.2840兆円	3.81%
			所得税課税最低限（1974年）	100%	0.9521兆円	0.71%
				50%	1.9043兆円	1.42%
			住民税課税最低限（1974年）	100%	0.1430兆円	0.11%
				50%	0.2860兆円	0.21%
倉林 [1976]	1974年 1972年	『国民生活実態調査』（1974年）『所得再分配調査』（1972年）世帯人員数を想定	OECDの国際比較水準（1974年）	100%	0.5924兆円	0.44%
				50%	1.1848兆円	0.88%
			所得税課税最低限（1972年）	100%	1.6909兆円	1.83%
				50%	3.3818兆円	3.66%
			所得税の人的控除額	100%	4.468兆円	2.68%
			所得税の老人扶養控除額	100%	2.235兆円	1.34%
高山 [1980]	1976年	『民間給与の実態』『申告納税の実態』『国民生活実態調査』世帯人員数を想定	（③正負所得税分岐収入に所得税課税最低限）	50%	3.928兆円	2.36%
			市町村税の課税最低限	50%	4.590兆円	2.76%
			生活保護基準よりも低い水準	33.3%	2.906兆円	1.74%
村上 [1984]	1981年	『国民生活基礎調査』『厚生行政基礎調査報告』世帯人員数を想定	生活扶助基準	100%	0.5679兆円	0.22%
				80%	1.5417兆円	0.60%

(備考) 対GDP比は対象年と同じ暦年の名目GDP（旧68SNA）に対する導入費用の比率を求めた。

を採用する[56]。所得分布の推計により、集計データでは手に入らない低所得世帯の所得データを人工的に作り出す。推計された所得分布を利用すれば、マイクロ・シミュレーションの手法により、生活保護制度を分析できる。

次節において、『全国消費実態調査』と『日本の世帯数の将来推計（全国推計）』から分布関数を推計する具体的な方法を述べる。その後、所得分布データに対して所得税住民税と生活保護を適用し、負の所得税の導入費用を推計する方法について示す。

3.3 モデル
3.3.1 能力分布と世帯属性

年齢sとしたとき、同じ年齢の世帯には能力の格差が存在すると仮定する。このとき、その能力格差が下記のような対数正規分布によって表現できるとしよう[57]。

$$f(x_{i,s}) = \frac{1}{x_{i,s}\sigma_s\sqrt{2\pi}}\exp\left[-\frac{1}{2\sigma_s^2}\left(\ln x_{i,s} + \frac{\sigma_s^2}{2}\right)^2\right] \qquad (0 < x_{i,s} < \infty) \qquad (6\text{-}3)$$

ここで$x_{i,s}$は能力を表現する指数のウエイトであり、添字iによって能力の階級が区別される。σ_s^2は対数化された分布における分散、πは円周率である。ウエイト$x_{i,s}$の分布によって所得稼得能力に差が生まれる。また、ここでの能力分布$x_{i,s}$は平均1、分散$\exp(\sigma_s^2)-1$となる。

次節の推計作業で分散パラメータσ_s^2、統計データから年齢sの世帯の平均収入$\overline{Y}_s$が得られたとする。ただし、平均収入$\overline{Y}_s$は、所得税住民税や生活保護制度を適用する前の再分配前所得である。このとき、年齢sで能力階級iの世帯の収入$Y_{i,s}$は下記で表現できる。

$$Y_{i,s} = x_{i,s}\overline{Y}_s \qquad (6\text{-}4)$$

さて、それぞれの世帯は、年齢sと能力階級iだけでなく、その他の世帯属性によっても特徴づけられる。本節で考慮される世帯属性は、(a) 世帯人

---

56) 齊藤［1989］は都道府県別に対数正規分布を想定して住民税収を推計している。
57) 対数正規分布がもつ性質については、たとえば青木［1979］を参照。

第6章 所得税住民税と生活保護統合の分析　129

表6-2　世帯の世帯人員数の想定

	(a) 世帯人員数	(b) 有業者数	(c) 子どもの数	世帯人員数ベクトル $H_{s,z}$	世帯の種類・シェア	
1	1人世帯	1人	0人	$(1,1,0)_{s,1}$	単独世帯	$\Theta_{s,1}$
2		1人	0人	$(2,1,0)_{s,2}$	片稼ぎ世帯	$\Theta_{s,2}$
3	2人世帯	2人	0人	$(2,2,0)_{s,3}$	共稼ぎ世帯	$\Theta_{s,3}$
4		1人	1人	$(2,1,1)_{s,4}$	1人親世帯	$\Theta_{s,4}$
5		1人	1人	$(3,1,1)_{s,5}$	片稼ぎ世帯	$\Theta_{s,5}$
6	3人世帯	2人	1人	$(3,2,1)_{s,6}$	共稼ぎ世帯	$\Theta_{s,6}$
7		1人	2人	$(3,1,2)_{s,7}$	1人親世帯	$\Theta_{s,7}$
8		1人	2人	$(4,1,2)_{s,8}$	片稼ぎ世帯	$\Theta_{s,8}$
9	4人世帯	2人	2人	$(4,2,2)_{s,9}$	共稼ぎ世帯	$\Theta_{s,9}$
10		1人	3人	$(4,1,3)_{s,10}$	1人親世帯	$\Theta_{s,10}$
11		1人	3人	$(5,1,3)_{s,11}$	片稼ぎ世帯	$\Theta_{s,11}$
12	5人世帯	2人	3人	$(5,2,3)_{s,12}$	共稼ぎ世帯	$\Theta_{s,12}$
13		1人	4人	$(5,1,4)_{s,13}$	1人親世帯	$\Theta_{s,13}$
14		1人	4人	$(6,1,4)_{s,14}$	片稼ぎ世帯	$\Theta_{s,14}$
15	6人世帯	2人	4人	$(6,2,4)_{s,15}$	共稼ぎ世帯	$\Theta_{s,15}$
16		1人	5人	$(6,1,5)_{s,16}$	1人親世帯	$\Theta_{s,16}$

員数、(b) 有業者数、(c) 子ども数である。ただし、有業者数は1人以上2人以下、子ども数は5人までと想定する[58]。

以上をまとめれば、表6-2のようになる。これらの情報を世帯人員数ベクトル $H_{s,z}$ としてとらえることにしよう。たとえば、世帯主がs歳、3人世帯、有業者数1人、子ども2人の場合、世帯人員数ベクトルは $(3,1,2)_s$ となる。このような区分の結果として、単独世帯、片稼ぎ世帯、共稼ぎ世帯、1人親世帯といった世帯の種類を確定できる。表6-2にあるように、世帯人員数で区別した世帯の種類は16である。これを添え字zで表現する。

---

[58] このような想定は、すべての世帯を核家族であると考え、2世代同居世帯や3世代同居世帯を排除していることになり恣意的かもしれない。この点の解決は今後の課題として残されるが、それでも、本節の取り組みはこれまでの既存研究に比較すれば複雑な想定を取り入れている。

添え字 z を利用することにより、s 歳のすべての世帯のうち、s 歳の単独世帯が占めるシェアが $\Theta_{s,1}$ であると表現できる。同様に、表6-2にしたがい、2人世帯の片稼ぎ世帯のシェアは $\Theta_{s,2}$、共稼ぎ世帯のシェアは $\Theta_{s,3}$、・・・、6人世帯の1人親世帯のシェアは $\Theta_{s,16}$ のように表現できる。このとき、これらの家族人員シェア・ベクトル $\Theta_{s,z}$ の合計は1となる。

$$\sum_{z=1}^{16} \Theta_{s,z} = 1 \qquad (6\text{-}5)$$

さらに、世帯主は家族のなかでもっとも収入が多い人であると考え、配偶者は世帯主よりも3歳年下と仮定する。また、最初の子どもは世帯主が30歳のときに誕生し、第2子以降は3歳おきに誕生すると仮定する。これら世帯の年齢構成を世帯年齢ベクトル Ω として、(世帯主の年齢, 配偶者の年齢, 第1子の年齢, 第2子の年齢,…, 第5子の年齢) のように表現しよう。たとえば、世帯主が45歳、配偶者が42歳、第1子が15歳、第2子が12歳の4人世帯ならば、世帯年齢ベクトルは (45, 42, 15, 12, 0, 0, 0) となる。

3.3.2 生活保護制度と所得税住民税制

以上のような世帯人員数 $H_{s,z}$ と世帯年齢 Ω といった世帯属性を考慮するのは、所得税住民税や生活保護支給額がこれらの世帯属性に依存するためである。世帯人員数 $H_{s,z}$ で収入 $Y_{i,s}$ をもつ s 歳で能力階級 i の世帯主がいる世帯の生活保護支給額 $LAA_{i,s,z}$、国の所得税の負担額 $NTAX_{i,s,z}$、住民税の所得割の負担額 $LTAX_{i,s,z}$ は次の通りに計算される。

$$LAA_{i,s,z} = j(Y_{i,s}, H_{s,z}, \Omega) \qquad (6\text{-}6)$$

$$NTAX_{i,s,z} = g(Y_{i,s}, H_{s,z}, \Omega, LAA_{i,s}) \qquad (6\text{-}7)$$

$$LTAX_{i,s,z} = h(Y_{i,s}, H_{s,z}, \Omega, LAA_{i,s}) \qquad (6\text{-}8)$$

ここで、生活保護関数 $j(\bullet)$、所得税関数 $g(\bullet)$、住民税関数 $h(\bullet)$ である。

また、生活保護支給額 $LAA_{i,s,z}$ が正であれば、所得税負担額 $NTAX_{i,s,z}$ と住民税の所得割の負担額 $LTAX_{i,s,z}$ はゼロになる制約がある[59]。

---

59) 生活保護法第57条「被保護者は、保護金品を標準として租税その他の公課を課せられることがない」。

第6章 所得税住民税と生活保護統合の分析　131

$$LAA_{i,s,z} > 0 \Rightarrow NTAX_{i,s,z} = LTAX_{i,s,z} = 0 \quad (6-9)$$

そのため、所得税関数 g(•) と住民税関数 h(•) の変数には生活保護支給額 $LAA_{i,s,z}$ が変数として加わっている。また、以上の変数には下記の非負制約がある。

$$LAA_{i,s,z} \geq 0 \quad (6-10)$$

$$NTAX_{i,s,z} \geq 0 \quad (6-11)$$

$$LTAX_{i,s,z} \geq 0 \quad (6-12)$$

このとき、生活保護支給額 $LAA_{i,s,z}=0$、所得税負担額 $NTAX_{i,s,z}=0$、住民税負担額 $LTAX_{i,s,z}=0$ となるときの最大の能力をそれぞれ、x_s^A、x_s^N、x_s^L としよう。通常、現行制度のもとでは、同じ世帯属性をもつ場合には $x_s^A < x_s^L < x_x^N$ となるであろう。すなわち、生活保護の受給要件を満たす最低の収入所得よりも、住民税の課税最低限は大きく、それよりも所得税の課税最低限は大きい。

以上を考慮した結果、世帯人員数 $H_{s,z}$ のもとで、s 歳で能力指数 i の世帯主の世帯の可処分所得 $YD_{i,s,z}$ が、再分配後所得として下記のように得られる。

$$YD_{i,s,z} = Y_{i,s,z} - NTAX_{i,s,z} - LTAX_{i,s,z} + LAA_{i,s,z} \quad (6-13)$$

ここで、モデル上の国の所得税収 NTAXR、住民税収 LTAXR、生活保護支給額の総額 LAAE は、家族属性を示す家族人員シェア・ベクトル $\Theta_{s,z}$ を考慮しながら、世帯の変数について年齢 s と能力指数 i を集計することで得られる。

$$NTAXR = \sum_s \int_i f(x_{i,s}) \sum_{z=1}^{16} \Theta_{s,z} NTAX_{i,s,z} \, dx \quad (6-14)$$

$$LTAXR = \sum_s \int_i f(x_{i,s}) \sum_{z=1}^{16} \Theta_{s,z} LTAX_{i,s,z} \, dx \quad (6-15)$$

$$LAAE = \sum_s \int_i f(x_{i,s}) \sum_{z=1}^{16} \Theta_{s,z} LAA_{i,s,z} \, dx \quad (6-16)$$

3.3.3 負の所得税のモデル化

続いて、負の所得税はどのようにモデル化できるであろうか。世帯人員数 $H_{s,z}$ で能力指数 i をもつ s 歳の世帯主の世帯の負の所得税の支給額 $NIT_{i,s,z}$ は、下記のように表現できる。

$$NIT_{i,s,z} = k\left(Y_{i,s}, \tau, MIN_{i,s,z}\left(Y_{i,s}, H_{s,z}, \Omega\right)\right) \quad (6\text{-}17)$$

ここで負の所得税関数 $k(\bullet)$、①最低保障所得 $MIN_{i,s,z}$、②限界税率 τ である。本節では、負の所得税は生活保護制度に代替される制度であると考える。①最低保障所得 $MIN_{i,s,z}$ は、現行の生活保護制度と同様に、世帯属性と収入 $Y_{i,s}$ が考慮されて世帯ごとに測定される。

このとき、負の所得税が導入された場合の、世帯人員数 $H_{s,z}$ で s 歳で能力指数 i をもつ世帯主の世帯の可処分所得 $YD_{i,s,z}^{**}$ は次のようになる。

$$YD_{i,s,z}^{**} = Y_{i,s,z} - NTAX_{i,s,z} + NIT_{i,s,z} \quad (6\text{-}18)$$

ここでは $NIT_{i,s,z} > 0$ である。ただし、負の所得税は現行の生活保護制度と同様に

$$NIT_{i,s,z} = 0 \quad \Rightarrow \quad NTAX_{i,s,z} = LTAX_{i,s,z} = 0 \quad (6\text{-}19)$$

負の所得税の給付を受ける世帯には所得税住民税が課税されないと想定する。このため、負の所得税の適用範囲によっては、図6-7に示されたように、所得税住民税の「減税部分」が発生する。以上より、下記の負の所得税の総支出 $NITR$ を集計する。

$$NITR = \sum_{s} \int_{i} f(x_{i,s}) \sum_{z=1}^{16} \Theta_{s,z} NIT_{i,s,z} \, dx \quad (6\text{-}20)$$

最後に、負の所得税の導入費用を導出する。負の所得税の導入費用 COST は、次のようにまとめることができる。図6-7で示したように、負の所得税を導入すれば、現行の所得税住民税の税収も変化する可能性がある。そのため、次式の変数における「*」は現行制度のもとでの現実の税収もしくは生活保護支給額の総額を意味し、「**」は負の所得税を導入した場合の税収などを意味している。

$$COST = (NTAXR^{**} + LTAXR^{**} - NITR^{**}) - (NTAXR^{*} + LTAXR^{*} - LAAE^{*})$$
(6-21)

すなわち、導入費用 $COST$ は、負の所得税の支出を差し引いた場合の税収（右辺第1項）から、現行制度の税収から生活保護支給額を差し引いた金額（右辺第2項）を控除したものとして算出できる。これが、図6-7で示された負の所得税の導入費用に対応している。

3.4 データ

前節のモデルに対して、(a) 年齢別の能力分布の分散 σ_s^2、(b) 年齢別の平均収入 $\bar{Y}_s$、(c) 世帯人員数ベクトル $H_{s,z}$、(d) 世帯年齢ベクトル Ω を与えることができれば、得られた所得分布に対して、生活保護制度と所得税住民税制度を適用できる。本項では、統計データから (a) ～ (d) を推計する。

3.4.1 年齢別の能力分布の推計

分析における基準年は2004年である。国立社会保障・人口問題研究所［2003］『日本の世帯数の将来推計（全国推計)』には、2004年の年齢別世帯数が示されている。年齢区分は基本的に5歳刻みになっているから、線形補完をすることで1歳刻みの世帯数を得ることができる。

年齢別の能力分布の推計についてであるが、能力分布は現実のデータとして入手できないため、能力分布が所得分布に近似できると仮定する。したがって、所得分布の推計によって、能力分布の推計を代替する。もちろん、能力を表現する所得分布であるから、再分配前の所得分布が適当である。

さて、年齢別の所得分布の推計には、年齢別の平均収入データが必要である。2004年の総務省統計局『全国消費実態調査』「第41表　世帯主の年齢階級別1世帯当たり1か月間の収入と支出」には、全世帯の世帯主の年齢階級別の「年間収入」が示されている。最低は「200万円未満」、最高は「1500万円以上」の10区分であり、これを平均収入データとして採用する。こちらも5歳刻みの年齢階級別データであるため、先と同じように1歳刻みになるように線形補完を施し、平均収入 $\bar{Y}_s$ を得た。なお、77歳以降は同じ収入だと想定する。

以上の作業により、1歳刻みの年齢階級（22歳～87歳）の世帯数と平均収入 $\overline{Y}_s$ が得られた。ここでの目的は、ある程度集計された所得分布データに対して分布関数を適用することで、「200万円未満」の低所得世帯を含めた所得分布の全体像を推計することである。推計される分布関数は、(6-3)式の対数正規分布 $f(x_{i,s})$ である。

　所得階級 $x_{i,s}$ は数値計算において離散型で計算される。添字 i で所得階級 $x_{i,s}$ を区別するとすれば、それぞれの所得階級の幅を $x_{i+1} - x_i = 0.01$ の区間で与え、$x_1 = 0.01$ から x_{500} ($1 \leq i \leq 500$) まで計算する。このとき、所得階級別に500タイプの家計が存在することになり、対数正規分布における累積密度 $\int f(x)\,dx$ はほぼ1となる。

　以上のように、特定の分散パラメータ σ_s^2 と平均収入 $\overline{Y}_s$ が与えられたとき、分布関数 $f(x)$、密度関数 $xf(x)\,dx$、累積密度 $\int f(x)\,dx$ が確定する。具体的に分散パラメータ σ_s^2 を推計する作業を下記に示そう。

ステップ1） 分散パラメータ σ_s^2 に初期値を与えたときの分布関数と密度関数を計算する。

ステップ2） 所得階級 $x_{i,s}$ に年齢階級別平均所得 $\overline{Y}_s$ を乗じることで、分布関数における能力指数 における500タイプの所得データを得る。

ステップ3） 密度関数に年齢階級別の世帯数の総数を乗じることで、分布関数における500タイプの家計の世帯数を得る。

ステップ4） 分布関数における所得分布を『全国消費実態調査』にある所得区分に集計し直し、その場合の所得階級別の世帯数を計算する。

ステップ5）『全国消費実態調査』から得られている年齢階級別所得階級別の世帯数の分布と、ステップ4で得られた世帯数の分布を比較して、所得階級別の差の自乗和を計算する。

ステップ6） 自乗和が十分に大きいならば、分散パラメータ σ_s^2 を変更することで再びステップ1へ戻る。もし、自乗和が最小になるならば、そのときの分散パラメータ σ_s^2 を採用する。

以上の手続きを経れば、年齢階級別の分布関数の分散パラメータ σ_s^2 を得ることができる。分散パラメータがどの程度の説明力をもっているかについて決定係数を計算した。図6-8は、2004年のデータによって推計された分散パラメータ σ_s^2 と決定係数を示している。

分散パラメータ σ_s^2 は、年齢を重ねるにつれて高くなる傾向にある。高齢者になればなるほど、所得分布が不平等化に向かう。このことは、高齢化が進めば社会の不平等度も高くなることを示している。なお、決定係数が、50歳代で悪化しているのは、50歳代の所得分布データに2つの山が存在するためである[60]。この点を修正することは難しく、また、他の年齢については説明力が高いと判断されるので、ここでは推計された分散パラメータ σ_s^2 を採用することにする。以上の作業によって、2004年の年齢別の再分配前所得分布 $Y_{i,s}$ を得ることができた。

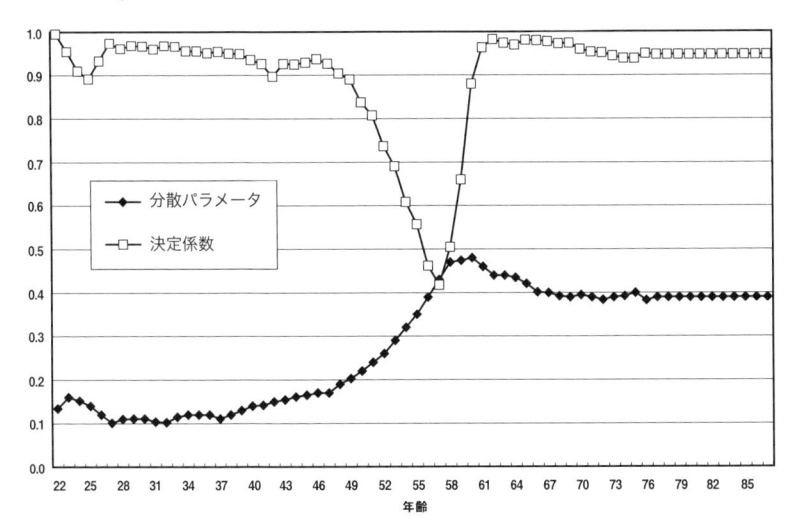

図6-8 所得分布の分散パラメータ σ_s^2 と決定係数

---

60) おそらく、勤労者世帯が退職してゆくためと考えられる。なお、勤労者世帯の所得分布と勤労者以外の世帯の所得分布では、前者の方が所得分布の分散が低い。勤労者世帯と勤労者以外の世帯に分割して分析を試みたが、勤労者以外の所得分布の分散パラメータの決定係数が非常に悪く、採用することができなかった。勤労者以外の世帯は、農業者や自営業などバラエティに富んでいることが原因だと思われる。

3.4.2 世帯属性の想定

先述したように、再分配前所得分布 $Y_{i,s}$ に対して生活保護制度と所得税住民税制を世帯ごとに適用するためには、世帯属性について想定することが必要である。とはいえ、推計された所得分布データの個々の世帯について、正確な世帯属性を与えることは、ほとんど無理である。そのため、ある年齢の世帯については、一定の割合である属性をもった世帯が存在すると考えよう。これが、世帯人員数シェア・ベクトル $\Theta_{s,z}$ である。

まず、2004年の総務省『全国消費実態調査』「第2表 世帯属性、都道府県別世帯」（全世帯）より、2人以上の世帯の5歳刻みの年齢別の世帯数分布を得る。この世帯数分布からは、2人、3人、4人、5人、6人以上の世帯数についても判明する。なお、3人世帯と4人世帯については、1人だけの有業者がいる世帯数についても内訳が示されている。ここでは、有業者11名の世帯は片稼ぎ世帯と想定する。

ただし、5人世帯と6人以上世帯については内訳が示されていない。そこで、3人世帯と4人世帯から、有業者が1人いる世帯の比率を年齢別に算出し、他の5人世帯と6人以上の世帯数に乗じることで、5人世帯と6人世帯において有業者が1人いる世帯数とした。有業者が1名でない世帯については、すべて有業者が2人の共稼ぎ世帯と想定する。以上の作業により、5歳刻みの年齢別で、2人から6人以上の世帯別に、片稼ぎと共稼ぎの世帯数の分布が得られることになる。次にこの分布データを1歳刻みになるように線形補完する。

ただ、このデータは2人以上世帯に限定されているから、単身世帯が含まれていない。そのため、国立社会保障・人口問題研究所［2003］『日本の世帯数の将来推計（全国推計）』にある「一般世帯」「単独」「総数」の5歳刻みの年齢別世帯数を1歳刻みに線形補完し、年齢別の「一般世帯」「総数」との比率をとることで、単身世帯比率を年齢別に計算しておく。

また、同じく国立社会保障・人口問題研究所［2003］『日本の世帯数の将来推計（全国推計）』には、「ひとり親と子」の世帯数も年齢別に示されている。ここでは、「ひとり親と子」の世帯を母子（父子）世帯と想定する。そこで、「核家族」の世帯数との比率をとることで、母子世帯比率を1歳刻み

の年齢別に計算しておく[61]。

単身世帯比率と母子世帯比率を、先ほどの2人以上世帯の家族属性を示す世帯数分布に導入する。以上のようにして、世帯人員数ベクトル $H_{s,z}$ にある世帯の種類を考慮しながら、世帯人員数シェア・ベクトル $\Theta_{s,z}$ を推計できる。世帯人員数シェア・ベクトル $\Theta_{s,z}$ は、行が1歳刻みの年齢であり、列が表6-2で示された16種類の世帯のシェアを示している。これによって、すべての世帯はいずれかの属性を与えられることになる。

ところで、共稼ぎ世帯の配偶者の収入については、世帯主の収入と配偶者の収入に一定の関係があると想定し、下記のように処理を行った。2004年の総務省『全国消費実態調査』「第1表　年間収入階級別1世帯当たり1か月間の収入と支出」にある「世帯主の勤め先収入」と「世帯主の配偶者の勤め先収入」の比率を、年間収入階級別に一定だと考えた。そのため、共稼ぎ世帯については、世帯主とその配偶者に収入が配分されることになる。

以上により、所得分布によって生成される年齢階級56（22歳～87歳）×所得階級（能力階級 i）500＝28,000の世帯は、世帯人員数ベクトル $H_{s,z}$、世帯人員数シェア・ベクトル $\Theta_{s,z}$、世帯年齢ベクトル Ω により、いずれかのタイプに所属することになる。

3.4.3 生活保護制度と所得税住民税の適用

前節までで推計された、年齢別の所得分布のデータセットならびに世帯属性ベクトルなどをもとにすれば、2004年の制度にもとづく生活保護支給額と所得税住民税負担額を世帯ごとに計測できる。

第一に、所得税住民税負担額については、(6-7) 式と (6-8) 式にしたがい、データセットにある各世帯の収入データ $Y_{i,s}$ を給与収入とみなし、世帯人員数ベクトル $H_{s,z}$ と世帯年齢ベクトル Ω を所与して、下記の手順にしたがって計算される。

ステップ1）給与所得金額＝給与収入－給与所得控除

---

[61]『日本の世帯数の将来推計（全国推計）』には「その他の世帯」の項目があるものの、「その他の世帯」の具体的な世帯属性は明らかではないため、やむを得ず本節では考慮の外においている。

ステップ2) 課税所得金額＝給与所得金額－所得控除
ステップ3) 所得税住民税額＝課税所得×税率－定率減税

ここで、税制上の所得控除については、給与所得控除、基礎控除、配偶者控除、扶養控除、特定扶養控除、老人扶養控除、社会保険料控除について考慮している[62]。なお、社会保険料については財務省方式によって計算し、定率減税も反映している。

続いて、各世帯の所得税住民税負担額を集計し、(6-14) 式と (6-15) 式にしたがって、それぞれの総額を計算する。これらはモデル上の税収（所得税収 $NTAXR$ および住民税収 $LTAXR$）であって、現実の税収とは区別しなければならない。そこで、モデル上の税収と現実の所得税収 $NTAXR^*$ と住民税収 $LTAXR^*$ の比率（変換パラメータ）を求める[63]。

$$\alpha = NTAXR^*/NTAXR \qquad (6-22)$$
$$\beta = LTAXR^*/LTAXR \qquad (6-23)$$

ここで、所得税収変換パラメータ α、住民税収変換パラメータ β である。後の負の所得税のシミュレーションにおいては、これらの変換パラメータは固定される。

第二に、生活保護制度についても、(6-6) 式にしたがい、同様にデータセットにある各世帯の収入データ $Y_{i,s}$ を給与収入とみなし、世帯人員数ベクトル $H_{s,z}$ と世帯年齢ベクトル Ω を所与として、下記の手順で生活保護支給額を計算する。

ステップ1) 収入認定額＝収入額－各種控除額
ステップ2) 最低生活費＝生活扶助＋住宅扶助＋教育扶助＋医療扶助
ステップ3) 生活保護支給額＝最低生活費－収入認定額

---

62) 変換パラメータは、モデル上の税収と現実の税収の誤差をすべて吸収する役割をもつ。たとえば、本節ではすべての世帯が給与所得者であることを想定しているが、実際は自営業者や農業者などが存在する。したがって、ここで計算された所得税住民税の税収には誤差が発生するかもしれないが、変換パラメータによって修正される。
63) 財務省方式による社会保険料の計算方法については、『財政金融統計月報:租税特集』を参照。

ここで、すべての被保護世帯は2級地-1に住んでいると想定している[64]。また、医療扶助は年齢別の一人当たり医療費から推計されている。ただし、介護扶助と各種加算額についてはデータの制約により考慮できなかった。

なお、生活保護については申請主義が採用されているため、収入が低くても申請がなければ支給されない。また、申請がなされても、資力調査によって受給者が選別されるため、実際の受給者は限定される。そこで、下記のような生活保護受給関数を世帯ごとに想定し、低所得世帯でも生活保護を受給できる世帯を限定する。

$$N(0,1)_{i,s} \geq \phi \Rightarrow LAA_{i,s,z} = 0 \quad (生活保護を受給しない) \quad (6\text{-}24)$$

$$N(0,1)_{i,s} \leq \phi \Rightarrow LAA_{i,s,z} > 0 \quad (生活保護を受給する) \quad (6\text{-}25)$$

ここで$N(0,1)_{i,s}$は世帯ごとに決められる0から1までの一様乱数であり、ϕは生活保護受給パラメータ($0 \leq \phi \leq 1$)である。すなわち、$N(0,1)_{i,s}$が生活保護受給パラメータϕを超える場合、その世帯は生活保護を受給できず、その逆の場合は生活保護を受給できると考える。生活保護受給パラメータϕについては、モデル上の世帯保護率が現実の世帯保護率（2004年は20.41‰）に合うように収束計算によって求めた[65]。

後の負の所得税のシミュレーションにおいては、資力調査が行われる想定では生活保護受給パラメータϕを固定する。逆に、資力調査を行わない想定では生活保護受給パラメータ$\phi=1$と設定することで、すべての低所得世帯が負の所得税を受給すると考える。

さらに、所得税住民税と同様に、モデル上の生活保護支給額の総額$LAAE$と、現実の生活保護支給額$LAAE^*$の比率（変換パラメータ）を求める。

$$\gamma = LAAE^*/LAAE \quad (6\text{-}26)$$

ここで、生活保護変換パラメータγである。後の負の所得税のシミュレー

---

64) もちろん、このような想定は計算に誤差を生じさせる。しかしながら、どの被保護世帯がどの級地に住んでいるかを判別することはデータの制約によって困難である。
65) 年齢別の世帯保護率のデータをもちいるのが望ましいが、データが存在しないために断念した。なお、個人ベースの年齢別の保護率のデータは存在する。

ションにおいては、この変換パラメータは固定される。

3.5 負の所得税の導入費用の推計

前節で得られた各種のパラメータを一定として、負の所得税を導入したとき、導入費用はいくらになるかについて、シミュレーション分析によって明らかにしよう。

3.5.1 導入費用の推計方法

現行の生活保護制度に代わる制度としての負の所得税は、次のような線形関数によって表現されると仮定しよう。

$$NIT^{**}_{i,s,z} = MIN(Y_{i,s}, H_{s,z}, \Omega) - \tau Y_{i,s} \qquad (6\text{-}27)$$

ここで、負の所得税における②限界税率 τ、①最低保障所得 MIN である。また、$\tau Y_{i,s} = MIN(Y_{i,s}, H_{s,z}, \Omega_s)$ となるような収入 $Y_{i,s}$ が③正負所得税分岐収入 $Y^{E}_{i,s}$ となる。これにより、(6-18) 式から負の所得税を含む世帯の可処分所得 $YD^{**}_{i,s,z}$ が得られる。

$Y_{i,s} < Y^{E}_{i,s}$ となる収入 $Y_{i,s}$ をもつ世帯には、正の所得税である所得税住民税は課税されず、負の所得税による給付のみを受ける。$Y^{E}_{i,s} < Y_{i,s}$ となる収入 $Y_{i,s}$ をもつ世帯は、所得税住民税が課税される。

(6-14) 式、(6-15) 式、(6-20) 式にしたがって、負の所得税を導入した場合の所得税収 $NTAXR$、住民税収 $LTAXR$、負の所得税の税収 $NITR$ を計算する。これらに対して、前節に得ていた変換パラメータを乗じることで、現実の税収などと比較できるように数値を調整する[66]。

$$NTAXR^{**} = \alpha NTAXR \qquad (6\text{-}28)$$

$$LTAXR^{**} = \beta LTAXR \qquad (6\text{-}29)$$

$$NITR^{**} = \gamma NITR \qquad (6\text{-}30)$$

---

[66] 同様の手法は、地方財政について分析した木村・吉田・橋本[2004]などでも採用されている。

以上により、負の所得税の導入費用の計算式である (6-21) 式の構成要素はすべて得られた。

3.5.2 負の所得税の想定

　負の所得税は、①最低保障所得、②限界税率、③正負所得税分岐収入、以上の３つのうち２つの要素を決めることで制度設計できる。現行の生活保護制度において、すでに①最低保障所得が世帯ごとに決められているが、③正負所得税分岐収入を一意的に決定することは難しい。そのため、本節においては、①最低保障所得と②限界税率を決めることで負の所得税を定式化する。

　憲法第 25 条の「最低限度の生活」を現行の生活保護制度から得られる①最低保障所得が満たしていると考えれば、それを下回る水準で①最低保障所得を設定することは法的にも政策的にも困難であろう。逆に、上回る水準で①最低保障所得を設定することも可能ではあるが、その場合は負の所得税の導入費用を増やすことになるだけであり、その計算に意味を見いだすことは難しい。

　そのため、本節では①最低保障所得を固定する。ただし、①最低保障所得にも、いくつかの解釈がある。第一は (A) 生活保護基準であり、第二は (B) 生活扶助基準である。(A) 生活保護基準は、生活保護制度によって保障される、生活扶助、医療扶助、住宅扶助など、すべての扶助を含む最低保障所得である。(B) 生活扶助基準は、そのうち生活扶助のみから得られる最低保障所得である。当然ながら、(A) 生活保護基準＞(B) 生活扶助基準である。

　(B) 生活扶助基準を負の所得税の①最低保障所得とする見解には、生活扶助以外の扶助については、収入に連動しないため、負の所得税で考慮するのではなく、必要に応じて社会手当として支給するべきという考え方がある。村上 [1984] は、(B) 生活扶助基準のみを①最低保障所得として負の所得税の導入費用を計算した。

　さらに、負の所得税の実施にあたって、問題となるのが資力調査である。通常、負の所得税は資力調査を行わず、所得調査のみで制度が設計される。当然ながら、資力調査の方が所得調査よりも厳しく、そのことが被保護世帯の増加を抑制する効果をもつと考えられている。また、厳しい資力調査がも

たらす屈辱感を払拭することも、負の所得税を導入する一つの目的となっている。先に紹介した既存研究においても、基本的には資力調査を廃止することが、負の所得税の導入費用を計算する前提となっている。

しかしながら、本節のシミュレーションにおいては、(ア)資力調査を実施するケースと(イ)資力調査を実施しないケースを区別する。本節のモデルにおいては、生活保護受給パラメータϕが設定されており、これを調節することによって、資力調査の有無をシミュレーションに反映できる[67]。(イ)資力調査を実施しないケースでの負の所得税の導入費用は、(ア)資力調査を実施するケースの場合よりも多額になることが想像できる。

以上より、本節では、①最低保障所得については(A)生活保護基準と(B)生活扶助基準の2つのケースを想定し、(ア)資力調査を実施するケースと(イ)資力調査を実施しないケースを区分する。さらに、50%、70%、90%の②限界税率のバラエティを考えることで、シミュレーションによって導入される負の所得税をケース分けする。

3.5.3 負の所得税の導入費用の推計結果

これまでの設定のもとで、負の所得税の導入費用を計算した結果が表6-3である。

第一に、②限界税率が低くなればなるほど、所得税住民税の減税部分が大きくなり、導入費用は高くなる。

第二に、①最低保障所得を(A)生活保護基準とするか、(B)生活扶助基準とするかによって、導入費用が異なる。(B)生活扶助基準の方が、(A)生活保護基準よりも負の所得税の切片が低いため、導入費用は低くなる。

第三に、(ア)資力調査を実施するか、(イ)資力調査を実施しないかによって、導入費用は大きく異なる。当然ながら、(ア)資力調査を実施するならば、生活保護受給世帯に対象世帯を絞ることになるので導入費用は抑制できるが、(イ)資力調査を実施せずに負の所得税を導入した場合は、すべての低所得世帯を対象とするために、導入費用は莫大になってしまう。

---

[67] ただし、モデル上の資力調査であり、資産の有無などをデータで判別してはいない。

表 6-3　負の所得税の導入費用の推計結果

(単位：兆円)

	② 限界税率	(1) 上乗せ部分	(2) 減税部分	(1)+(2) 導入費用	対GDP比 (2004年)
ケースⅠ	90%	0.84	0.01	0.85	0.17%
(A) 生活保護基準	70%	3.73	0.05	3.78	0.76%
(ア) 資力調査を実施する	50%	10.27	0.22	10.49	2.10%
ケースⅡ	90%	12.52	0.07	12.59	2.53%
(A) 生活保護基準	70%	24.66	0.24	24.91	5.00%
(イ) 資力調査を実施しない	50%	52.30	0.95	53.25	10.69%
ケースⅢ	90%	0.24	0.01	0.25	0.05%
(B) 生活扶助基準	70%	1.11	0.05	1.16	0.23%
(ア) 資力調査を実施する	50%	3.07	0.22	3.29	0.66%
ケースⅣ	90%	3.74	0.07	3.81	0.76%
(B) 生活扶助基準	70%	7.38	0.24	7.62	1.53%
(イ) 資力調査を実施しない	50%	15.67	0.95	16.61	3.33%

　高い所得再分配効果を目的とする場合、②限界税率はできるだけ低い方がよい。以下では②限界税率を50％の場合で、推計結果を比較する。たとえばケースⅡ（生活保護基準＋資力調査を実施しない）の②限界税率50％の場合、53.25兆円という膨大な導入費用となる。GDP比で10.69％にも到達する費用であり、政策的に実現不可能な数字である。

　資力調査を実施せずに、負の所得税を実行することには、生活保護制度のもとでの資力調査がもたらす屈辱感を拭い去るという意味では重要なことであろう。しかしながら、導入費用が莫大になることに加え、単なるバラマキ政策になる恐れが強い。

　その意味では、(ア) 資力調査の実施を前提とするケースⅠ（生活保護基準＋資力調査を実施する）が参考になる。たとえば、②限界税率50％の場合、導入費用は10.49兆円である。ケースⅡより大きく軽減できたものの、これでも現在の財政状況を踏まえれば、実現するのは困難な数字であろう。

　それでは、(A) 生活保護基準ではなく、(B) 生活扶助基準を負の所得税の切片としたときのケースⅢ（生活扶助基準＋資力調査を実施する）はどうだろうか。②限界税率50％の場合の導入費用は3.29兆円である。対GDP比で0.66％であるから、実現可能性は高くなってきたものの、まだ数字として

は巨額である。

ところで、新しいセーフティネット検討会［2006］は、現行の生活保護制度を65未満と65歳以上に対する制度に分割し、65歳未満の稼働世帯については就労自立のための制度を新設することを提案している。そこで、本節においても、65歳未満の世帯に限定した負の所得税を導入したときの導入費用を計算した。その結果が表6-4である。

表6-3と表6-4の結果を比べれば、65歳未満世帯に限定することが、導入費用を大きく減少させることがわかる。たとえばケースⅢ'（生活扶助基準＋資力調査を実施する）において、②限界税率50％のときの導入費用は1.70兆円である。GDP比にして0.34％であるから、ここまで費用が抑制できるなら、負の所得税を導入できるかもしれない。このように、対象をよりいっそう絞り込めば、負の所得税の導入費用はさらに低くなる余地がある。「選択と集中」を実施することが、現実的に負の所得税のアイディアを取り入れた改革を実施するために必要であるといえよう。

最後に、図6-9は所得再分配の側面から、本節で想定した負の所得税について評価したものである。それぞれのケースについて、負の所得税が導入

表6-4 負の所得税の導入費用の推計結果（65歳未満の世帯に限定）

(単位：兆円)

	② 限界税率	(1) 上乗せ部分	(2) 減税部分	(1)+(2) 導入費用	対GDP比 (2004年)
ケースⅠ'	90%	0.30	0.01	0.31	0.06%
(A) 生活保護基準	70%	1.53	0.05	1.58	0.32%
(ア) 資力調査を実施する	50%	5.00	0.22	5.21	1.05%
ケースⅡ'	90%	10.26	0.07	10.33	2.07%
(A) 生活保護基準	70%	15.39	0.24	15.63	3.14%
(イ) 資力調査を実施しない	50%	30.06	0.94	31.00	6.22%
ケースⅢ'	90%	0.08	0.01	0.09	0.02%
(B) 生活扶助基準	70%	0.45	0.05	0.50	0.10%
(ア) 資力調査を実施する	50%	1.49	0.22	1.70	0.34%
ケースⅣ'	90%	3.07	0.07	3.13	0.63%
(B) 生活扶助基準	70%	4.60	0.24	4.84	0.97%
(イ) 資力調査を実施しない	50%	9.00	0.94	9.94	2.00%

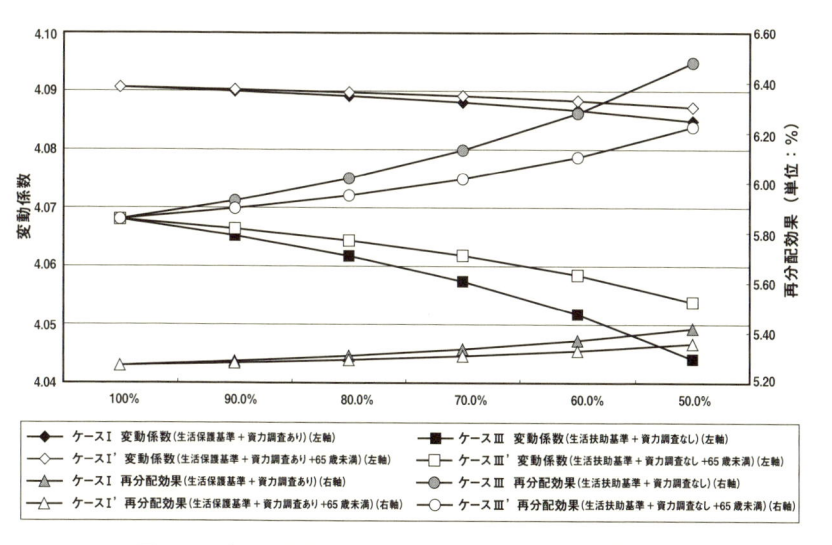

図6-9　負の所得税の導入による変動係数と再分配効果の変化

された後の世帯の再分配後所得から、変動係数（＝標準偏差／平均）を計算した。変動係数が大きいほど、所得の分散が大きく、再分配後所得が不平等であることを意味する。また、負の所得税が導入されていないときの変動係数を利用して、導入後の変動係数との変化率を算出することで、再分配効果も測定し、図示している[68]。

図6-9によると、②限界税率を低めれば低めるほど、変動係数は低くなり、再分配効果は大きくなる。したがって、負の所得税の導入費用が大きければ大きいほど、経済格差を是正できる。また、(A) 生活保護基準ではなく (B) 生活扶助基準にすることや、(ア) 資力調査を実施する、を (イ) 資力調査を実施しない、にすることで再分配効果は落ちてしまう。

先のプロセスのように、ターゲットとなる世帯を絞ることが、負の所得税の導入費用を減らす有効な政策となるが、それによって負の所得税がもつ所得再分配効果が低下するデメリットがある。

---

[68] 具体的には、再分配係数＝(負の所得税を導入したときの変動係数－再分配前所得の変動係数)／負の所得税を導入したときの変動係数、として求められた。なお、再分配前所得の変動係数は4.3062であった。

4 むすび

　本章では、生活保護制度に関する2つの分析を行った。一つめに、生活保護制度と所得税住民税制の限界税率を推計することにより、生活保護法の目的のひとつである自立の助長を、現行の生活保護制度が達成しているかどうかを検討した。そして二つめに、わが国に負の所得税を導入した場合の導入費用の推計を行った。

　一つめの分析である、生活保護制度と所得税住民税の限界税率の分析結果ならびに政策的インプリケーションをまとめれば、下記のようになる。

　1. 現行の生活保護制度において、勤労控除のブラケット内は100%の限界税率となり、収入に占める勤労控除の割合は収入に対して逓減するため、労働意欲が阻害されている恐れがある。2. 近年の制度では課税最低限が生活扶助額よりも低く、生活保護制度と所得税住民税の接続点において限界税率が100%を超えており、ボーダーライン層の労働インセンティブが阻害されている可能性がある。

　特に、ボーダーライン層に対して極端に高い限界税率が適用されていることは、生活保護制度と所得税住民税制の制度設計においては大きな問題だといえる。この点に関しては、制度改革を実施することが不可欠である。最低生活費は所得税住民税制の課税最低限の水準を下回るように、もしくは課税最低限は最低生活費の水準を上回るように設計することが、家計の労働意欲を減退しないために必要であろう。

　また、勤労控除についても、現在の控除の水準が就労支援の立場から十分であるか、控除の方法が適切であるかを検討することが必要である。後者については、ブラケットではなく控除率をもちいることや、収入に対する控除率を引き上げることで、労働インセンティブを高めることができる。前者については、限界税率そのものを下げることが検討課題となる。たとえば、「負の所得税」のアイディアを生活保護制度に取り入れることは、ボーダーライン層の問題の解決も可能であり、就労意欲をうながす制度への転換を図

る改革になりえるであろう[69]。

　次に、負の所得税の導入費用についてまとめる。負の所得税そのものは、新しい話ではない。すでにわが国でも実証研究がいくつかなされたが、ここ20年間の実証研究は皆無である。その間にアメリカやイギリスが、負の所得税のアイディアを政策に取り入れる改革を実施している。少子高齢化や財政再建の必要性により、今後のわが国の経済政策は低所得世帯に厳しいものとなるならば、所得再分配政策としての負の所得税の導入を検討する必要があるだろう。

　そのためには、負の所得税の導入費用を明らかにする必要がある。ところが、わが国の統計においては、低所得世帯を十分にカバーしたデータが存在しない、もしくは研究者にとって使い勝手が悪い。このことも、負の所得税の導入費用の推計が盛んになされなかった一因となっていると考えられる。

　そこで、本章では、年齢別の所得分布を推計する方法によって、個票データを利用せずに、低所得世帯の所得を推計する手法を採用した。この手法によって得られた所得分布に対して、生活保護制度と所得税住民税制、さらには負の所得税を適用した場合の税収を比較して、負の所得税の導入費用を推計した。

　負の所得税の導入費用は、どのような負の所得税を前提とするかによって大きく左右される。本章では、現行の生活保護制度の最低保障所得（生活保護基準もしくは生活扶助基準）を維持し、いくつかの限界税率を想定することで負の所得税を設計した。また、資力調査を実施するか、実施しないかでも区別を行った。

　推計結果によると、資力調査を実施せず、生活保護基準を採用して限界税率を低くすればするほど、導入費用は膨大になる。たとえば、限界税率50％の場合（ケースⅡ）は、53.25兆円の導入費用となる。この数字は政策的に実現不可能であろう。

　資力調査を実施する場合（ケースⅡ）は10.49兆円となる。しかしながら、これでも実現することは難しいであろう。さらに、生活扶助基準を採用する

---

[69] 「負の所得税」については、橋本 [2001, 2002, 2006]、村上 [1984]、高山 [1980] などを参照。

場合（ケースⅢ）では3.29兆円となる。ここで、負の所得税の対象を65歳未満の世帯に限定する場合（ケースⅢ'）は、導入費用は1.7兆円（GDP比0.34％）となる。ここまで来れば、実現可能な数字であるといえよう。

ただし、このようなプロセスで負の所得税の対象範囲を限定すればするほど、負の所得税がもつ所得再分配効果が落ちていくことが、本節の計測によって明らかになった。すなわち、ターゲットの世帯を絞ることで導入費用を抑えることと、経済格差の是正には、トレード・オフの関係が成立している。以上のように、本章では負の所得税をわが国において実施する場合にどのぐらいの導入費用が必要かについて検討してきた。

最後に、本章に残されたそれぞれの分析における課題について述べることでむすびとしよう。

本章の限界税率の推計によって、生活保護制度と所得税住民税による労働意欲を阻害する可能性を指摘したが、実際に限界税率が労働供給を阻害しているかどうかについては、現実のデータによって検証される必要がある。

しかしながら、特に被保護世帯もしくは低所得世帯の労働時間や収入、家族構成などが掲載された個票データを入手することは極めて困難であり、実証分析を実施することは難しい。たとえば、玉田・大竹［2004］は、大阪府の被保護世帯の個票データをもちいて、生活保護制度が就労意欲を阻害していることを実証的に示している。限界税率に関しても、同様の実証分析が必要であろう。この点については、今後の課題としたい。

次に、負の所得税の導入費用の分析における課題となる諸点は以下に3点あげられる。

第一は、本節の分析は2004年のデータを基礎として行われ、将来推計がなされていないことである。わが国は今後も高齢化が進むことは確実であるから、将来時点における導入費用がどのように変化するかを推計することは重要である。

第二に、本節のモデルには、家計の内生的な労働供給行動が導入されていない。負の所得税が導入された場合、低所得世帯がどのぐらい労働供給を行うのかは、負の所得税が就労支援を目的とする場合には当然にでてくる疑問である。しかしながら、本節では主にデータの制約により、低所得世帯の労

働供給を内生的に考えていない。今後は低所得世帯の労働供給関数の推計が必要である。

　第三に、本節で推計された年齢別の所得分布関数が、低所得世帯の所得分布をどのぐらいとらえているか、検証が必要である。既存研究のサーベイでも明らかにしたように、負の所得税の導入費用は、分析にもちいるデータによって左右される可能性がある。低所得世帯の個票データなどがオープンに利用可能になれば、より精度の高い分析ができると考えられよう。これらの諸点についても今後の課題としてむすびとする。

第7章

地方自治体の一般会計における債務返済可能性の検証

1 はじめに

　2007年、北海道夕張市が財政再建団体となった。この夕張市の破綻は、地方財政に大きな影響をあたえた。過去に福岡県赤池町が財政再建団体となったが、地方財政の危機が叫ばれるようになった近年においての夕張市の破綻は、夕張ショックとい言われたように、地方自治体にとって衝撃は大きかった。

　夕張市の破綻の要因は、人口減少などの変化に、自治体運営が追いつけなかったことが大きい。夕張市は、炭坑で栄えた1960年当時は、約12万人の人口規模であった。しかし、炭坑が閉山した1990年からは人口は減少していき、現在では約1.2万人とかつての10分の1にまで減少した。炭坑の閉山以降、市は観光事業へ乗り出し、テーマパークやスキー場などの施設建設に多額な資金を投入した。しかし、これらが失敗に終わり多額の負債だけが残された。これらの負債は、見かけ上では財政黒字となるように一時借入金などが活用され、公営企業や第三セクターの経営であることからも、なかなか明るみに出なかった。

　この夕張市破綻を背景に、「地方公共団体の財政の健全化に関する法律」（以下、財政健全化法）が制定され、実質赤字比率、連結実質赤字比率、将来負担比率の4つの財政指標が総務省より提示された。ここでは、財政健全化の過程に早期健全化段階と財政再生段階の2段階の基準が設けられた。

　しかし、これら4つの財政指標には多くの内部データが必要となり、一般的に公表されたデータから分析することは困難である。特に、将来負担比率

には公営企業や一部事務組合などの会計データが必要となる。夕張市の破綻の背景の一つに、住民によるガバナンスが働かなかったことが指摘できる。そのため、住民によるガバナンスを強化することが、地方財政には重要な観点であると考えられる。それには、外部より容易にアクセスできる公表データをもちいた分析の意味は大きい。

そこで、本章では、このように地方財政を取り巻く環境が変化するなかで、より簡素に地方自治体財政の持続可能性を検討することを目的とする。既存研究である土居 [2004] における手法をもちいて、地方自治体のプライマリー・バランスと債務返済能力の推計からの地方財政の持続可能性を検討する。

既存研究には、土居 [2004]、鷲見・川瀬 [2005] がある。土居 [2004] では、要返済債務残高の測定方法を示し、その要返済債務残高をプライマリー・バランス（黒字）で完済できるか債務返済能力の検証をおこなった。2000年度末における要返済債務残高について、都道府県別の分析を行い、市区町村では合計額による分析をいくつかのパターンに分けて行っている。現行制度の下では、地方自治体の債務返済能力は、税収等の増加が見込めれば、多くの自治体で債務返済が可能である。しかし、現状の継続や、歳出削減が進まなかったなら債務返済に支障をきたす恐れがあるとの結果を導いた。

鷲見・川瀬 [2005] では、都道府県における90年代以降の財政運営の実態を実質収支比率の欠陥を指摘するとともに、実質収支とプライマリー・バランスとの比較から、実質収支が単年度の財政状況をミスリードしていたことを明らかにしている。そして、1990年度から2002年度までの債務返済能力を推計し、都道府県の財政状況を示した。90年代半ばには、ほとんどの都道府県において持続不可能団体となっていることが示された。

これらの既存研究では、都道府県レベルや市町村の合計データによる持続可能性が検証されているが、各市町村の持続可能性を分析したものは存在しない。住民に一番身近である市町村の分析を行い、そこにある一般性や特異性をみいだすことで地方財政への貢献になると考える。そこで、本章では市町村を分析対象とし、地方債債務残高に着目し、その債務返済能力より持続可能性を検証する。

データは総務省『市町村決算状況調』をもちいた。しかし、町村のデータは、『市町村決算状況調』では知り得ないデータがある。それらのデータに関しては、総務省『決算データ』を入力した。対象年度は2002年度から2006年度であり、要債務返済残高は2006年末時点のものである。

2 一般会計におけるプライマリー・バランス

本節では、市町村財政のプライマリー・バランスを計測する。プライマリー・バランスは、税収等から公債費を除く歳出を差し引いたものである。地方財政に即して、プライマリー・バランス（PB）は、以下のように計算することができる[70]。

$$PB = (歳入総額 - 地方債 - 繰入金) - \\ (歳出総額 - 公債費 - 積立金 - 前年度繰上充当金) \quad (7\text{-}1)$$

プライマリー・バランスは、地方債、繰入金を除いた歳入から、公債費、積立金、前年度繰上充当金を除いた歳出を引いたものである。プライマリー・バランス＞0の場合、黒字を意味し、プライマリー・バランス＜0の場合、赤字を意味する。

図7-1は2002年度から2006年度における市町村合計のプライマリー・バランス対標準財政規模の推移をまとめたものである。

市町村合計におけるプライマリー・バランスは対標準財政規模比でみて黒字である。2002年度から2004年度では、4％前後の黒字であるが、2005年度には11％を超える黒字である。

これらの近年におけるプライマリー・バランスの改善は、どのような影響によるものであるのか。図7-2では、(7-1)式に基づき、プライマリー・バランスの変動の要因分解をしたものを示した。

折れ線グラフは、プライマリー・バランスの対前年度変化率であり、棒グラフはプライマリー・バランスの変化に対する構成項目の寄与度である。主

---

[70] プライマリー・バランスの計算は、土居[2004]に基づく。

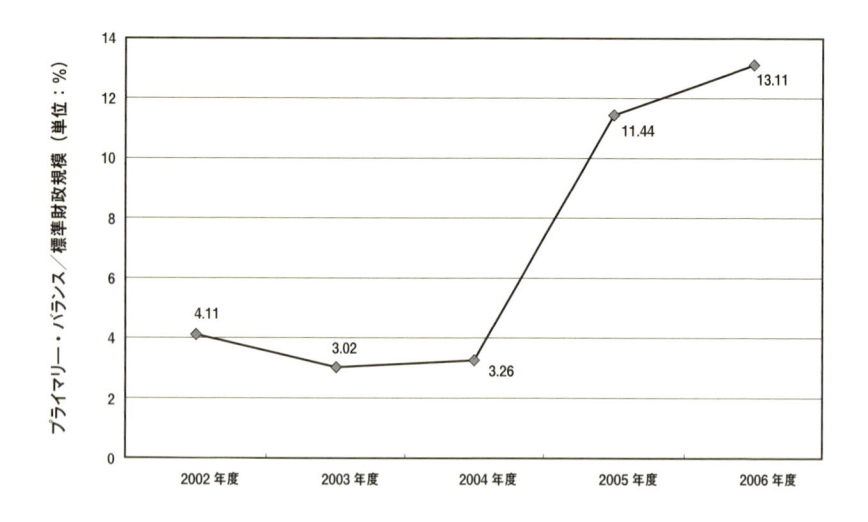

図7-1　プライマリー・バランス対標準財政規模の推移（全市町村合計）

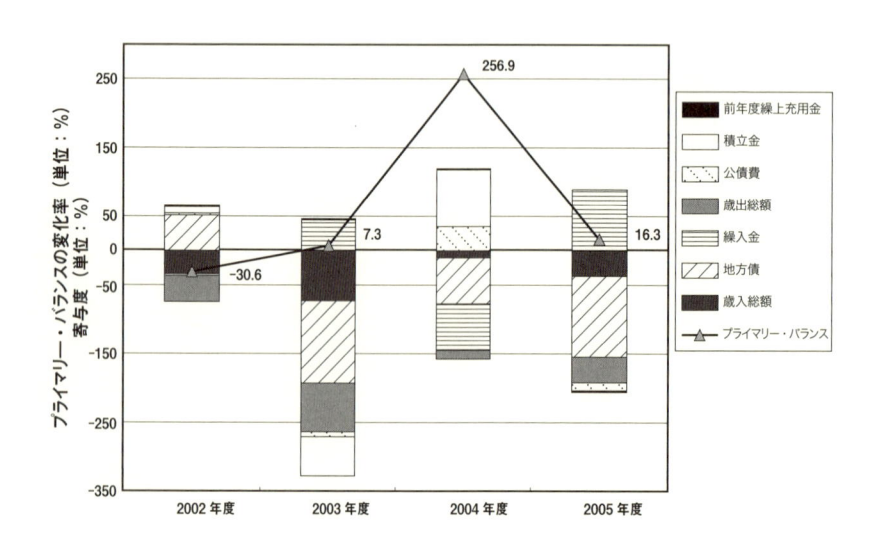

図7-2　プライマリー・バランス変動の寄与度分解

に歳出の削減や、地方債発行額の減少がプライマリー・バランスの改善要因と見ることができる。

表7-1は、プライマリー・バランスの赤字団体数、黒字団体数の経年変化である。2002年度には3割を超える市町村において、プライマリー・バランスが赤字であったが、2006年度ではプライマリー・バランスは改善され、9割の市町村において黒字化を達成している。

1999年より始まった市町村合併により、市町村数は劇的な変化を遂げ、多くの市町村において人口規模は拡大した。そのため、歳出には規模の経済性が働き、歳出削減を成し遂げた要因は大きいと考えられる。

表7-1 プライマリー・バランスの市町村数の経年変化

	赤字	黒字	合計
2002年度	1,080 (33%)	2,155 (67%)	3,235
2003年度	1,352 (43%)	1,803 (57%)	3,155
2004年度	995 (39%)	1,547 (61%)	2,542
2005年度	304 (16%)	1,540 (84%)	1,844
2006年度	165 (9%)	1,662 (91%)	1,827

そこで、表7-2では、市町村合併に関係した市町村を対象に、合併前と合併後においてのプライマリー・バランスの変化を分析した。2002年度の決算と2006年度における決算を比較している。そのため、2003年4月1日以降から2006年3月31日までに合併した市町村が分析対象である。この期間内に、2度以上合併に関係した市町村は、数に関係なく1団体と見なしている。

表7-1における結果と、表7-2における結果を照らし合わせると、その割合においてはほとんど差がないかもしれない。しかし、合併関係市町村の方が2002年度における赤字団体数はやや多く、2006年度における黒字団体数にいたってもやや多い傾向が見られる。

表7-2 合併関係市町村におけるプライマリー・バランスの変化

	赤字団体数	黒字団体数	合計
2002年度	684 (35%)	1,249 (64%)	1,933
2006年度	44 (8.2%)	492 (91.8%)	563

表7-3 プライマリー・バランスの人口規模別団体数（2006年度）

	赤字団体数	黒字団体数	合計
全市町村	165 (9%) ＊	1,662 (91%)	1,827
大都市	1 (6.7%)	14 (93.3%)	15 (0.8%)＊＊
中核市	1 (2.8%)	35 (97.2%)	36 (1.9%)
特例市	3 (7.7%)	36 (92.3%)	39 (2.1%)
中都市	13 (6.8%)	179 (93.2%)	192 (10.5%)
小都市	36 (6.9%)	487 (93.1%)	523 (28.6%)
町村1万人以上	65 (12.3%)	464 (87.7%)	529 (26.9%)
町村1万人以下	46 (9.3%)	447 (90.7%)	493 (26.9%)

＊赤字団体数、黒字団体数の（　）内は、各人口規模グループに占める割合を示した。
＊＊合計の（　）内は、全市町村に占める割合である。

　市町村の合併においての大きな変化は人口規模である。そこで、表7-3では2006年度におけるプライマリー・バランスの赤字、黒字の団体数を人口規模別に示した。

　全市町村では、9％がプライマリー・バランスの赤字団体である。人口規模別で見ると、小規模市町村のほうが赤字団体数の割合が大きい。特に、町村1万人以上の赤字団体数の割合が大きいことがわかった。

　プライマリー・バランスはフローでしか見ることはできない。財政運営を測るためには、ストックの指標が必要である。そのため、次節において債務返済能力を測る。

3 自治体財政の債務返済可能性の検証

3.1 分析手法

ここでは、債務返済能力より市町村の持続可能性を検証する。債務返済能力の計測方法は、土居［2004］に基づく。

t 期における地方自治体の歳入歳出の予算制約式は次に表すことができる。

$$T_t + B_t + B_{t-1} = G_t + rB_{t-1} \qquad (7\text{-}2)$$

ここで、T_t は t 期の税収（借入金を除く）、B_t は t 期末の借入金残高、B_{t-1} は前期末の借入金残高、G_t は t 期の一般歳出（公債費を除く）、r は借入金利子率を示している。プライマリー・バランスは $PB \equiv T_t - G_t$ で表すことができる。(7-2) 式は、以下のように変形できる。

$$(1-r)B_{t-1} = S_t + B_t \qquad (7\text{-}3)$$

さらに、(7-3) 式を展開すると、以下のようになる。

$$B_{t-1} = \frac{1}{1-r}(S_t + B_t) = \left\{ S_t \frac{1}{1+r}(S_{t+1} + B_{t+1}) \right\} \qquad (7\text{-}4)$$

これを0期から無限先まで足しあわせると、以下のように表すことができる。

$$B_0 \sum_{t=1}^{\infty} \left(\frac{1}{1+r}\right)^t S_t + \lim_{t \to \infty} \left(\frac{1}{1+r}\right)^t S_t \qquad (7\text{-}5)$$

(7-5) 式から、0期を現在とすると、現在の債務残高は、将来のプライマリー・バランスの割引現在価値で返済すると、無限先においては割引現在価値にして右辺第2項だけが残り、以下のようになる。

$$\lim_{t \to \infty} \left(\frac{1}{1-r}\right)^t B_t = B_0 - \sum_{t=1}^{\infty} \left(\frac{1}{1+r}\right)^t S_t \qquad (7\text{-}6)$$

プライマリー・バランスが今後も変化しないとすれば、(7-6) 式は以下のようになる。

$$\lim_{t \to \infty}\left(\frac{1}{1-r}\right)^t B_t = B_0 - \frac{PB}{r} \qquad (7\text{-}7)$$

(7-7) 式の値は以下のことを意味している。

$$if \quad B_0 - \frac{PB}{r} > 0 \quad then \quad 持続不可能$$

$$if \quad B_0 - \frac{PB}{r} \leq 0 \quad then \quad 持続可能$$

$B_0 - \frac{PB}{r}$ が正であるならば、現在の財政運営を続ける限り、無限先の将来においても借入金は返済できず、債務が残り続けることを意味する。
$B_0 - \frac{PB}{r}$ が0または負であれば、債務を返済することができ、財政運営は持続可能である。さらに、$B_0 - \frac{PB}{r}$ は負であれば、債務を返済しても余りある資金が無限先の将来に残されることを意味する。

債務残高は、以下のように定義できる。

要返済債務残高＝
　　　地方債残高＋債務負担行為－積立金残高－実質収支　(7-8)

債務返済能力の推計におけるプライマリー・バランスは2004年度～2006年度の平均値をもちいている。プライマリー・バランスの割引現在価値の推計でもちいる地方債利子率は、地方公共団体の地方債利子率の平均をもちいる。

3.2 分析結果

まず、要返済債務残高を算出した。図7-3は、要返済債務残高と人口規模の関係をみるため、縦軸に一人当たり要返済債務残高、横軸に人口規模をとったグラフである。

要返済債務残高がマイナスになるのは、積立金などにより地方債を返済でき、返済してもなお余る資産があることを意味している。

人口規模が小さい市町村ほど、一人当たりの要返済債務残高が大きいことが見られる。特に1万人以下の市町村の高さは目立っている。人口規模が5万人を超えたあたりからは、それほど人口規模における要返済債務残高の差

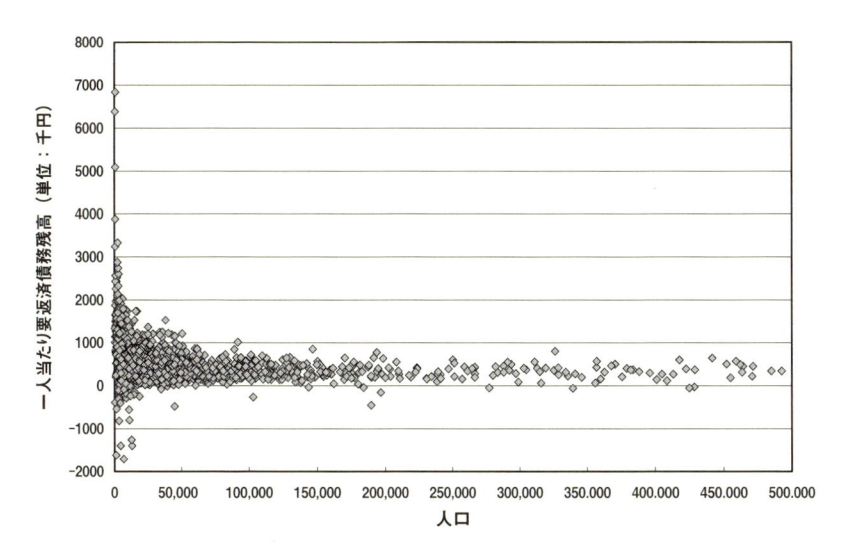

図7-3 一人当たり要返済債務残高の人口規模別市町村の分布

異はみられない。

表7-4には、債務返済可能・不可能の団体数をまとめた。先の一人当たり要返済債務残高では、人口規模による差異がみられた。そのため、表7-4においても人口規模別で示した。

人口規模は総務省『地方財政白書』にもとづき、7分類にて区別している[71]。人口規模別グループにおける債務返済可能・不可能の割合を見ると、大都市においては返済不可能団体の割合が大きい。

全市町村における債務返済不可能団体の割合では、ほとんどが小都市以下の市町村で占めていることがわかる。特に、小都市、町村1万人以下のグループにおいては、返済不可能団体数が際だって高い値である。

図7-4では、債務残高対プライマリー・バランスの現在割引価値と人口規模の関係を示した。プライマリー・バランスの現在割引価値において債務残高を返済できるかを示したものである。表7-4の分析同様、小規模自治

---

71) 市町村の分類は、大都市（政令指定都市）、中核市、特例市、中都市（政令指定都市、中核市、特例市以外の人口10万人以上の市）、小都市（人口10万人以下の市）、町村（1万人以上）、町村（1万人以下）の7つである。

表7-4　債務返済可能・不可能団体数と人口規模別の状況（2006年度）

	返済可能	返済不可能	合計
全市町村	1,382（76%）*	445（24%）	1,827
大都市	8（53.3%）	7（46.7%）	15（0.8%）**
中核市	30（83.3%）	6（16.7%）	36（1.9%）
特例市	30（76.9%）	9（23.1%）	39（2.1%）
中都市	147（76.6%）	45（23.4%）	192（10.5%）
小都市	378（72.3%）	145（27.7%）	523（28.6%）
町村1万人以上	409（83.0%）	84（17.0%）	493（26.9%）
町村1万人以下	380（71.8%）	149（28.2%）	529（28.9%）

＊赤字団体数、黒字団体数の（　）内は、各人口規模グループに占める割合を示した。
＊＊合計の（　）内は、全市町村に占める割合である。

体において、債務返済が困難な自治体が多いことがわかる。

　ここで、小規模自治体に着目し2002年度と2006年度の人口変化率と債務返済可能性の関係をグラフにしたのが図7-5である。

　人口の変化は税収等の変化をもたらす。そのため、将来の債務返済能力に影響を与えることを考慮し、債務返済能力との関係を示した。

　図7-5において示した市町村合併関係の市町村では、市町村合併による人口増加も含んでいる。また、2002年度から2006年度に誕生した市町村は、含んでいない。

　横軸に人口変化率をとり、縦軸に債務返済可能性をとっている。第Ⅰ現象は、2002年度と2006年度を比較して、人口が増加しており、さらには債務返済可能性がある市町村が位置している。

　第Ⅱ現象、第Ⅲ現象に位置する市町村は、2002年度と2006年度を比較して人口が減少している。その数は、図7-5にプロットされている小都市と町村における約60%である。そのなかでも、第Ⅲ現象に位置する市町村は、人口が減少していることに加え、債務返済が不可能な市町村であり、全体の約15%を占める。本分析は、プライマリー・バランスの現在割引価値において債務残高を返済できるかを示したものである。人口減少は歳出入にも影響するため、プライマリー・バランスが変化する可能性はある。さらに

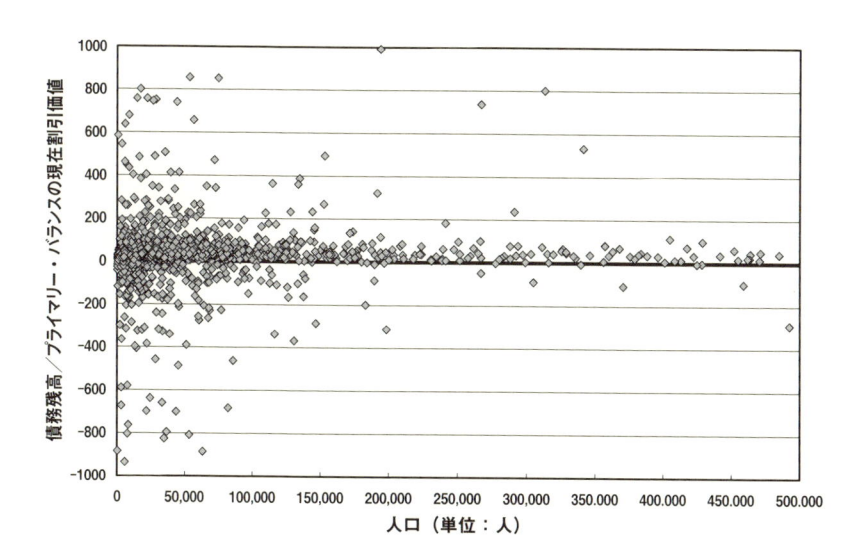

図7-4　債務残高対プライマリー・バランス現在割引価値と人口規模

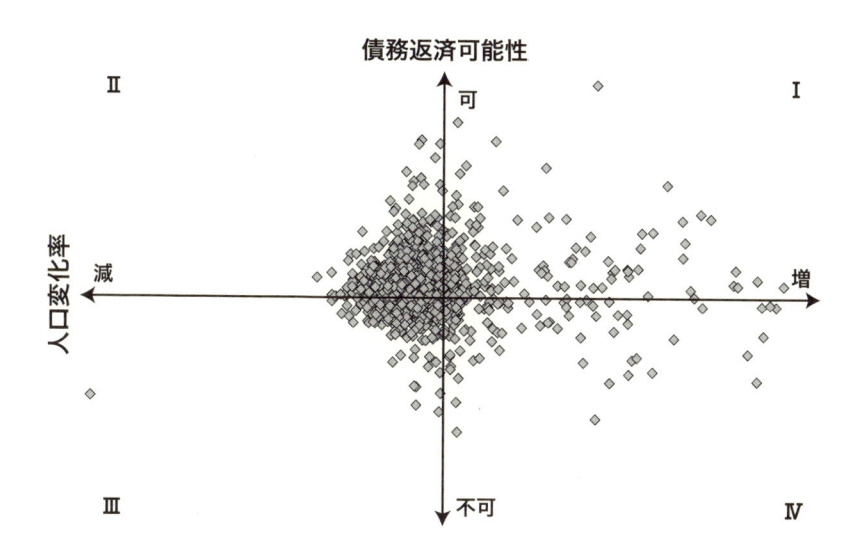

図7-5　小都市・町村における人口変化率と債務返済可能性

厳しい状況になることも予測できる。また、現状では債務返済が可能である第Ⅱ現象においても、人口減少は影響をあたえるかもしれない。

第Ⅳ現象には、人口は増加しており、債務返済が不可能である市町村がプロットされている。人口の増加は、市町村合併の影響も考えられる。市町村合併による影響や、歳出入の構造の変化によりプライマリー・バランスは変化することも予測される。

4 むすび

本章では、債務残高とプライマリー・バランスから市町村の債務返済能力を明らかにした。分析結果をまとめると、以下のとおりである。

1. 全市町村における近年のプライマリー・バランスは改善され黒字を続けており、歳出の削減や、地方債発行額の減少がプライマリー・バランスの改善要因と見ることができる。2. プライマリー・バランスが赤字の団体を見ると小規模自治体において多い。3. 債務返済が不可能な団体の割合をみると小規模自治体が多い。4. 小都市における債務返済不可能な団体の4分の1は人口が減少をしている。

本章では、債務残高をプライマリー・バランスによって返済できるか否かを分析し、小規模自治体において債務返済不可能な団体の割合が多いことがわかった。小規模自治体においては、規模の大きな自治体と比較して今後さらなる人口減少の影響も受けることが予測される。

最後に今後の課題を述べてまとめとする。本章における債務返済可能性の分析では、プライマリー・バランスは3年平均をもちいている。そのため、この結果はその期間の特異なものである可能性もある。今後は、さらに精緻な分析にするため、期間を広げた分析や分析データを広域にした分析を行っていきたい。これらは、今後の課題とする。

むすびにかえて

　本書では、自治体間格差の実態、格差是正機能である地方交付税や、住民の所得格差是正機能であり地方財政に大きな影響を与える生活保護制度について分析をしてきた。

　以下では、各章で得られた結果について述べる。

　第1章では、地方税収の自治体間格差を分析した。地方分権の推進が一つの目標であった平成の市町村合併によって、1999年に約3,300あった市町村数は2008年には約1,800にまで減少し、市町村の人口規模は大きくなった。そのことが、地方自治体間の地方税収格差を平準化したのか、または拡大したのか、不平等尺度の一つであるタイル尺度の経年変化より考察した。

　分析結果は、以下のようにまとめられる。1. 地方税収の自治体間格差には固定資産税の寄与が大きい。2. 地方税収の自治体間格差はトータル的にみると合併の影響はあまりない。しかし、人口規模別グループ別の寄与度を分析すると、小規模市町村の影響が大きく、これは市町村合併前よりも小規模自治体の自治体間格差が広がっていることがわかった。3. 地域別グループの分析では、東北、北関東における自治体間格差が大きく、これらが全体の地方税収に寄与していることが結果として得られた。そして、人口規模別の分析や地域別の分析から、小規模自治体と地域における自治体間格差が地方税の自治体格差を生んでいる一つの要因であることを示した。

　第2章では、歳出規模の適正化という観点から、歳出が最小となる人口規模を探り、人口規模と歳出の関係を分析した。そして、人口減少を反映した将来推定人口をもちい、基礎的自治体別に将来財政のシミュレーションを行った。

　1990年度から2004年度の15年間のデータをもちいて、一人当たり歳出が最小となる人口規模をパネルデータにより分析し、17万7144人という結果を導いた。この分析結果をグラフにすると、一人当たり歳出は人口に対してゆるやかなU字型のプロットを描き、小規模な自治体の多くは、一人当

たり歳出が高いところに属していることが分かった。

　人口減少社会を反映した将来シミュレーションでは、現在小規模な自治体ほど人口減少が影響し、一人当たり歳出は高くなる傾向が見られた。今後、ますます高齢化が進めば、それに伴う歳出の増加はとめられない。また、2005年より人口減少時代へ突入しており、高齢化を支える生産年齢人口も減少している。このことは、歳入面においても生産年齢人口の負担が増加せざるを得ないことを明らかにしている。

　第3章では、地方交付税がもつ財政調整によって地方公共サービスの住民負担がどれだけ平準化されているか、自治体間の財政調整機能を個々の経費ごとに分析をした。また、人口規模が全体の不平等化に及ぼす要因、各経費が全体の不平等度への寄与を分析した。

　分析結果は次の通りである。1. キング尺度による不平等度の測定では、財政調整前の財源（地方税）よりも財政調整後の財源（地方税＋地方交付税）の不平等度が高い。そして、財政調整前財源と財政調整後財源の順位が大幅に逆転している。2. 経費別のキング尺度の結果では、各経費の総額と人件費はほとんど同様の値を示している。3. タイル尺度による要因分析では、人口規模グループ別寄与度は、人口規模の小さい地域が全体の不平等度に寄与している。また、総額の構成要素の分解より、人件費が総額の不平等度を引き上げる要因であることが示された。

　第4章では、大阪府下の市町村データをもちいて、費目別の基準財政需要額と歳出決算額の一般財源部分を比較し、留保財源の使途を明らかにし、その関係から基準財政需要額が本来の意味を果たしているのか評価した。また、基準財政需要額と歳出決算額の経年変化より三位一体の改革の影響を計測した。

　ここでの分析により次のような結果が導かれた。1. 消防費においては、ほぼ全ての市町村において基準財政需要額理論値が歳出決算額理論値を大幅に上回っており、基準財政需要が過大に算定されている可能性を指摘できる。2. 土木費ではほとんどの市町村の基準財政需要額が、この数年で20%から30%の範囲で削減されている。それと同時に、歳出決算額理論値が基準財政需要額理論値を大きく上回っている市町村の割合が増えており、基準

財政需要額の行政需要の算定が、実際の行政需要を手当てできていないことが指摘できる。また、厚生費は土木費とは逆の結果となった。3. 各歳出における基準財政需要額と歳出決算額には乖離があるが、総額をみるとほとんどの市町村が基準財政需要額理論値≒歳出決算額理論値にあることから、それぞれの歳出のなかで流用されている結果だといえる。

　三位一体の改革によって地方交付税は削減された。費目別基準財政需要額を見ると土木費などが大きく削減されている。しかし、歳出決算額をみると土木費の削減は基準財政需要額の削減ほど大きくはない。このような基準財政需要額と歳出決算額に乖離がみられたことは、標準的な行政サービスを提供するための必要経費の算定という基準財政需要額の目的を問わなければならない。また、国による基準財政需要額の算定と、歳出決算額から見える地方による実態の間にズレが生じていることから、三位一体の改革において削減した費目や額が、適当であったのか考察する必要があることを示している。

　第5章では、少子高齢化が地方財政の生活保護費に与える影響について都道府県データをもちいて数量的に分析した。生活保護費は義務的経費であり、容易に削減することはできない。巨額の債務に悩みながらも、財政再建を進めなければならない地方自治体にとって、今後の生活保護費の動向は重要である。高齢者ほど所得格差が大きいため、高齢化が進めば生活保護費が増える可能性が高い。高齢化の進展にも自治体間に格差があるため、高齢化の進展度が大きい地方自治体の財政は影響を受け、さらに自治体間格差が拡大する可能性がある。その一方で、少子化が進めば人口が減少するため、生活保護費は減る可能性もある。

　所得分布モデルによるシミュレーション分析の結果、ほとんどの地方自治体で生活保護費が増えることが示された。若年世帯への生活保護費は少子化によって減少するものの、特に大都市圏をもつ都道府県において75歳以上の後期高齢者世帯への生活保護費は急増する。このことは、高齢化にともなう所得格差の拡大が、地方自治体の今後の福祉政策にとって大きなインパクトを与える可能性があることを示唆している。

　ここでの分析結果より、高齢化にともなう所得格差の拡大により、生活保護費が地方財政に与える影響が大きいことが分かった。生活保護費が増大す

る要因の一つには、生活保護制度の問題もあり、生活保護制度の改革の必要性が指摘できる。そのため、第6章では、自立の観点より生活保護制度を分析した。また、生活保護の改革案のひとつとして注目されている負の所得税の導入費用を計測した。

第6章の分析結果は次の通りである。生活保護制度の分析では、1. 現行の生活保護制度において、勤労控除のブラケット内は100％の限界税率となり、収入に占める勤労控除の割合は収入に対して逓減するため、労働意欲が阻害されているおそれがある。2. 近年の制度では課税最低限が生活扶助額よりも低く、生活保護制度と所得税住民税の接続点において限界税率が100％を超えており、「収入が極めて低く、生活保護基準の境界線近辺にある」ボーダーライン層の労働インセンティブが阻害されている可能性があることがわかった。

負の所得税の導入費用の分析では、資力調査を実施せず、生活保護基準を採用して限界税率を低くすれば、導入費用は膨大になる。限界税率50％の場合は53.25兆円（ケースⅡ）、資力調査を実施する場合でも10.49兆円（ケースⅠ）となる。生活扶助基準を採用すれば3.29兆円（ケースⅢ）となる。さらに、ターゲットを65歳未満の世帯に限定する場合は1.7兆円（ケースⅢ'）となる。ただし、このようなプロセスで負の所得税の対象範囲を限定するほど、負の所得税がもつ所得再分配効果は低下することが導かれた。

第1章から第6章まで、自治体間格差の実態や、格差是正機能である地方交付税や生活保護制度についての現状を明らかにするため分析した。歳入、歳出の差異の格差の実態、そして人口規模による差異を知ることができた。また、これらの分析から、人口減少や少子高齢化を考慮すると、地方財政はさらに厳しい状況になることも予測できるだろう。人口減少や少子高齢化の度合いにも、自治体間格差がある。そのため、人口構成の変化は、さらなる自治体間格差をうむ可能性がある。

そこで、最終章である第7章では、地方財政の状況を把握する情報として、一般会計におけるフローとストックをみるため、地方債債務残高に着目した。ここでは、地方財政のプライマリー・バランスの状況、そして債務返済可能性について探った。

2007年度決算より地方自治体は、地方公共団体の財政の健全化に関する法律の制定により、実質赤字比率、連結実質赤字比率、将来負担比率の4つの財政指標の提出が義務づけられている。それら4つの財政指標を分析するためには公企業や一部事務組合などの会計データが必要となる。しかし、それらの会計データは一般に公表されておらず、手に入れることは困難である。

　地方財政の健全化の分析は、住民ガバナンスという観点からも重要である。そこで、4つの財政指標とは異なる手法をもちいて、入手できる一般会計のデータより債務返済可能性を分析した。もちろん、公企業や一部事務組合も含めて地方財政の健全化を測る必要があることは承知しているが、先ずは入手可能なデータをもちいて分析した。

　分析により、全市町村における近年のプライマリー・バランスは改善しており黒字を続けており、歳出の削減や、地方債発行額の減少がプライマリー・バランスの改善要因と見ることができた。しかし、その中で債務返済が難しい自治体の存在が確認された。その割合をみると小規模自治体が多く、債務返済不可能な小規模自治体の4分の1において人口が減少していることがわかった。

　本書では、税収格差、歳出格差の実態を分析した。これらは、全市町村を対象とした分析であったため、人口規模の分析が可能となった。そして、税収、歳出の格差が人口規模と関係があることを明らかにした。小規模自治体ほど一人当たり税収が少なく、また小規模自治体グループ内での格差も大きいことがわかった。また、歳出面では小規模自治体における一人当たり歳出は極めて高いこともわかった。小規模自治体における税収、歳出が自治体間格差を生んでいる一つの要因であることが示唆できる。

　地方交付税により財政調整がされた財源の自治体間格差の計測においても、人口規模の小さい地域が全体の不平等度に寄与している。そのなかでも、小規模自治体の人件費が総額の不平等度を引き上げる要因であることがわかった。

　高齢化や人口減少の進展にも、自治体間に格差がある。そのため、これら少子高齢化の影響を受ける生活保護費の分析は、都道府県ごとの集計データをもちいた分析をした。ほとんどの地方自治体において生活保護費が増加す

ることがわかり、これは、高齢化の進展の影響であることもわかった。

　債務返済可能性の分析においても、小規模自治体の方が一人当たり債務返済額が大きい。債務返済が不可能な地方自治体も、小規模自治体の方が多く、またこの小規模自治体の4分の1において人口が減少している。これらの小規模自治体では、さらに財政状況は厳しくなることが予測される。

　高齢化や人口減少の進展度は、小規模自治体の方が進んでいることが、国立社会保障・人口問題研究所による将来推計人口などによりいわれている。そのため、小規模自治体においては、今後の行財政運営のあり方、また、どのような政策を講じる必要があるかも含め、検討する必要がある。

　最後に課題を述べてむすびとする。本書での分析は、近年のデータをもちいたものがほとんどである。そのため、本書で得られた結果が今後どのような変化をみせるのか、引き続きその動向を分析していきたい。また、本書執筆時点では、入手できなかったデータもある。それらについても、入手可能となれば分析を行っていきたい。また、小規模自治体のあり方についても研究をしていきたい。

参考文献

外国語文献

Ahemd, S. and J. Rogers [1995], "Government budget deficits and trade deficits: Are present value constraints satisfied in long-run data?," Journal of Monetary Economics, 36 ,pp. 351-374.

Atkinson, A.B. and J.E.Stigltz [1980], *Lectures on Public Economics*, McGraw-Hill.

Banker, R. D., A. Charnes. and W. W. Cooper [1984], "Some models for estimating technical and scale inefficiency in data envelopment analysis," *Management Science*, 30 (9), pp. 1078 21092.

Bird, R.M. [1999], "Threading the Fiscal Labyrinth: Some Issues in Fiscal Decentralization," :*Tax Policy in Real World*, Cambridge University Press.

Boadway, R. W. and P. Hobson [1993], *Intergovernmental Fiscal Relations in Canada* (Canadian Tax Foundation).

Bodkin, R. G., Conklin, D. W. [1971], "Scale and other determinants of municipal government expenditures in Ontario: A quantitative analysis," *International Economic Review*, 12, pp. 465-81.

Brennan, G. and J. M. Buchanan [1980], *Power to Tax : Analytical Foundation of a Fiscal Constitution* (Cambridge University Press).

Coelli, T. J. [1996], "A guide to DEAP Version 2.1: A Data Envelopment Analysis (Computer) Program," *CEPA Working Papers*, Department of Econometrics, University of New England, No. 8/96.

Craig,S. [1987], "The impact of congestion on local public good production," *Journal of Public Economics*, 32, pp. 331-53.

Dahlby,B. [1996], "Fiscal externalities and the design of Intergovernmental grants," *International Tax and Public Finance*, 3, pp. 397-412.

Doi, T., Ihori, T., and H. Kondo [2002], "Government Deficits, Political Inefficiency, and Fiscal Reconstruction in Japan," *Annuals of Economics and Finance*, 3, pp. 169-183.

Edwards,J. [1990], "Congestion function specification and the 'publicness' of local public goods," *Journal of Urban Economics*, 27, pp. 80-96.

Epple, D. and A. Zelenitz [1981], "The implications of competitive among jurisdictions: Does Tibout need politics?," *Journal of Political Economy*, 89, pp. 1197-1217.

Fukuda,S.and H.Teruyama [1994], "The sustainability of budget deficits in Japan," *Hitotsubashi Journal of Economics*, 35, pp. 109-119.

Hayashi,M. [2001], "Congestion, technical returns and the minimal efficient scales of local government expenditures," *Discussion Paper Series*, No. 01-01. Institute for Research in Business and Economics. Meiji Gakuin University.

Hayes, K. [1986], "Local public good demand and demographic effects," *Applied Economics*, 18, pp. 1039-45.

Hayes, K., Slottje, D. J. [1987], "Measure of publicness based on demographic scaling," *Review of Economics and Statistics*, 69, pp. 713-18.

Heathfield, D. F., Wibe, S. [1987], *An Introduction to Cost and Production Functions*, MacMillan, Houndmills, U. K.

Hoyt, W. H. [1992], "Market power of large cities and policy differences in metropolitan areas," *Regional Science and Urban Economics*, 22, pp. 539-558.

H. Theil [1967], *Economics and Information Theory*, North-Holland.

Ihori, T.and J. Itaya [2001], "A dynamic model of fiscal reconstruction," *European Journal of Political Economy*, 17, pp. 779-797.

Ihori, T. and J. Itaya [2003], "Fiscal reconstruction and local government financing," *International Taxation and Public Finance*.

Ihori, T. and H. Kondo [2001], "Efficiency of Disaggregate Public Capital Provision in Japan," *Public Finance and Management*, 1, pp. 161-182.

King, M. A [1983], "An Index of Inequality : With Applications to Horizontal Equity And Social Mobility ," *Econometrica*, Vol. 51, No. 1, pp. 99-115.

Newbold, P. [1990], "Precise and efficient computation of the Beveridge-Nelson decomposition of economic time series," *Journal of Monetary Economics*, 26, pp. 453-457.

Sartor [1990], "The sustainability of fiscal policy: New answers and to an old question," *OECD Economic Studies*, 15, pp. 7-36.

Tiebout, C. [1956], "A pure theory of local expenditures," *Journal of Political Economy*, 64, pp. 416-24.

Trehan, B. and C. E. Walsh [1988], "Common trends, the government budget constraint, and revenue smoothing," *Journal of Economic Dynamics and Control*, 12, pp. 425-444.

Uemura, Toshiyuki and Saitoh, Yurie [2007], "The Impact of the Decline and Aging the Population of the Livelihood Assistance Allowance of Local Public Finance," *The Economic Review of Toyo University*, Vol. 33, No. 1.

Uctum, M. and M. Wickens [1997], "Debt and deficit ceilings,and sustainability of fiscal policies: An international analysis," *Centre for Economic Policy Research*, Discussion Paper No. 1612.

Wilcox, D. W. [1989], "The sustainability of government deficits: Implications of present-value borrowing constraint," *Journal of Money, Credit and Banking*, 21, pp.

291-306.
Williams, A. [1966], "The optimal provision of public goods in a system of local government," *Journal of Political Economy*, 74, pp. 18－33.
Wilson, J. D. [1991], "Tax Competition with Interregional Differences in Factor Endowments," *Regional Science and Urban Economics*, Vol. 21, pp. 423-451.

邦語文献

青木信之・飯泉嘉門・平井伸治［2000］,『地方財政制度』, ぎょうせい。
青木昌彦［1979］,『分配理論』, 筑摩書房。
赤井伸郎・佐藤主光・山下耕治［2003］,『地方交付税の経済学：理論・実証に基づく改革』, 有斐閣。
赤井伸郎［2005］,「第3セクターの経営悪化の要因分析」, 井堀利宏編『公共部門の業績評価：官と民の役割分担』, 東京大学出版会。
─── ［2005］,「補助金のインセンティブ問題」『ファイナンス』, pp. 64-69。
─── ［2006］,「国と地方の財政健全化についての考え方」『ESP』, pp. 60-71。
─── ［2006］,『行政組織とガバナンスの経済学』, 有斐閣。
新たなセーフティネット検討会［全国知事会・全国市長会］［2006］,『新たなセーフティネットの提案：「保護する制度」から「再チャレンジする人に手を差し伸べる制度」へ』。
五十嵐敬喜［1987］,『都市法』, ぎょうせい。
石原信雄［2002］,『市町村合併成功の秘訣──地方分権の更なる前進のために』, (財)日本法制学会。
井堀利宏・宮田慶一［1991］,「財政政策の指標について」『金融研究』, 第10号, pp. 61-88。
井堀利宏［1996］,『公共経済の理論』, 有斐閣。
井堀利宏・板谷淳一［1998］,「財政再建の理論的分析」『フィナンシャル・レビュー』, 第47号。
井堀利宏［2002］,「交付税は30年後に完全廃止を」『Noubelle Epoque』。
井堀利宏・中里透・川出真清［2002］,「90年代の財政運営：評価と課題」, 『フィナンシャル・レビュー』, 第63号。
井堀利宏編［2005］,『公共部門の業績評価：官と民の役割分担を考える』, 東京大学出版。
井堀利宏・岩本康志・河西康之・土居丈朗・山本健介［2006a］,「基準財政需要額の近年の動向等に関する実証分析：地方交付税制度の見直しに向けて」, Keio Economic Society Discussion Paper Series, No. 06-1。
井堀利宏・岩本康志・河西康之・土居丈朗・山本健介［2006b］,「基準財政需要額に占める「義務的な費用」に関する実証分析」, Keio Economic Society Discussion Paper Series, No. 06-4。

植草益編［2003］,『社会経済システムとその改革——21世紀日本のあり方を問う』,NTT出版.
上村敏之［1997］,「一般均衡モデルによる最適線型所得税のシミュレーション分析」『経済学論究（関西学院大学）』,第51巻第3号,pp. 89-118.
─────［2001］,『財政負担の経済分析——税制改革と年金政策の評価』,関西学院大学出版会.
─────［2003］,「公的年金税制の改革と世代間の経済厚生」『総合税制研究』,第11号,pp. 111-131.
上村敏之・鷲見英司［2003］,「合併協議会の設置状況と地方交付税」『会計検査研究』,第28号9月,会計検査院,pp. 85-99.
上村敏之［2004］,「少子高齢化社会における公的年金改革と期待形成の経済厚生分析」『国民経済』,第167号,（財）国民経済研究協会,pp. 1-17.
大阪府地方自治振興会［2003-2006］,「別冊データ集」『月刊自治大阪』.
岡本全勝［2002］,『地方財政改革論議』,ぎょうせい.
─────［2003］,「市町村合併をめぐる財政問題」『自治研究』,2003年11月号,pp. 3-27.
岡本直樹・吉村恵一［2002］,『地方財政改革シミュレーション』,ぎょうせい.
小川浩［2000］,「貧困世帯の現状：日英比較」『経済研究（一橋大学）』,第51巻第3号.
小沢一郎［1993］,『日本改造計画』,講談社.
貝塚啓明・本間正明・高林喜久生・長峯純一・福間潔［1986］,「地方交付税の機能とその評価 PartⅠ」『フィナンシャル・レビュー』,第2号,pp. 6-28.
─────［1987］,「地方交付税の機能とその評価 PartⅡ」『フィナンシャル・レビュー』,第4号,pp. 9-26.
金澤史男［1999］「市町村合併促進と住民サービスのあり方：合併推進論の再検討」『都市問題』,第90巻3号,pp. 39-53.
亀掛川浩［1935］,『自治五十年史』,文生書院.
─────［1962］,『地方制度小史』,勁草書房.
─────［1967］,『明治地方制度成立史』,柏書房.
木村真・吉田素教・橋本恭之［2004］,「三位一体改革のシミュレーション分析」『会計検査研究』,第30号.
木原隆司・柵山順子［2006］,「イギリスの雇用政策・人材育成政策とその評価」,樋口美雄＋財務省財務総合政策研究諸編『転換期の雇用・能力開発支援の経済政策』,第8章,日本評論社.
國崎稔［1989］,「地方公共サービスの費用関数の推定」『星陵大論集』,第22巻1号,pp. 65-76.
國崎稔・中村和之［1994］,「地方公共サービスの生産効率性」『富大経済論集（富山大学）』,第40巻2号,pp. 143-63.
黒田武一郎［2005］,「地方交付税制度の財源保障機能を巡る議論」『地方財政』,2005

年11月号.
黒田武一郎 [2006],「地方交付税の算定方法を巡る議論と改革の動向」『地方財政』, 2006年12月号.
黒田東彦 [1986],「補助金と交付税に関する理論的分析」『フィナンシャル・レビュー』, 第2号, pp. 29-39.
厚生労働省 [2005],「最低賃金制度のあり方に関する研究会報告書：参考資料」.
小西砂千夫 [1997],『日本の財政改革』, 有斐閣.
――― [2002],『地方財政改革論』, 日本経済新聞社.
――― [2003],『市町村合併の決断』, ぎょうせい.
――― [2007],『地方財政改革の政治経済学：相互扶助の精神を生かした制度設計』, 有斐閣.
駒村康平 [2003],「低所得世帯の推計と生活保護制度」『三田商学研究』, 第46巻第3号.
齊藤愼 [1987],「税制改革の地方財政に与える影響」『都市問題研究』, 第39巻第5号.
――― [1989],『政府行動の経済分析――国・地方の相互依存関係を中心として』, 創文社.
齊藤愼・林宜嗣・中井英雄 [1991],『地方財政論』, 新世社.
齊藤愼・中井英雄 [1995],「後進地域の地方団体に対する保護政策」, 八田達夫・八代尚宏編『「弱者」保護政策の経済分析』, 日本経済新聞社.
齊藤愼 [1997],「転換期を迎えた地方交付税」『都市問題研究』, 1997年10月, pp. 56-67.
――― [1999],「行政規模と経済効率性――市町村合併はスケールメリットを生むか」『都市問題』, 第90巻第3号, pp. 27-37.
齊藤由里恵 [2007],「基礎的自治体の適正規模――パネルデータ分析をもちいた実証分析」『国際公共経済学会』, pp. 35-47.
齊藤由里恵・上村敏之 [2007],「生活保護制度と住民税所得税の限界実効税率」『生活経済学会』, 第26巻, pp. 31-43.
――― [2008],「負の所得税の導入費用」『経済政策ジャーナル』, 第5巻第2号, pp. 59-62.
齊藤由里恵 [2008],「地方公共サービスの住民負担と財政調整」『財政研究』, 第4巻, pp. 201-217.
佐々木信夫 [1996],「地方分権改革の政治過程」『分権改革――その特質と課題』, ぎょうせい, pp. 55-76.
――― [1997],「市町村合併のパターンとその課題」『月刊自治フォーラム』, 3月号, Vol. 450, pp. 17-23.
――― [2002],『市町村合併』, ちくま新書.
――― [2004],『地方は変われるのか――ポスト市町村合併』, ちくま新書.
佐藤主光 [2002],「地方税の諸問題と分権的財政制度のあり方」『フィナンシャル・レビュー』, 第65号.

重森暁・関西地域問題研究所編 [2002],『検証・市町村合併――合併で地域の明日は見えるか』,自治体研究社.
市町村合併問題研究会 [2001],『全国市町村合併地図――主体的な合併議論・検討のために』,ぎょうせい.
柴田啓次 [1998],「市町村合併についての視点」『地方財政』, 11月号, pp. 4-13.
島恭彦・宮本憲一・渡辺敦司編 [1958],『町村合併と農村の変貌』,有斐閣.
嶋津隆文 [2005],『どうなる日本、どうする分権』,ぎょうせい.
新藤宗幸 [2002],『地方自治 第二版』,岩波書店.
神野直彦・金子勝 [1998],『地方に税源を』,東洋経済新報社.
鈴木亘 [2006],『大阪市の保護率要因分析調査事業報告書』, mimeograph.
鷲見英司・中村匡克・中澤克佳 [2004],「税源移譲のシミュレーション分析――三位一体改革の東北市町村財政への影響」,『総合政策論集』, Vol. 4 No. 1.
鷲見英司・川瀬晃弘 [2005],「90年代以降の地方財政運営と持続可能性の検証――都道府県における財源対策の実態」.
全国社会福祉協議会 [2006],『生活保護手帳』,全国社会福祉協議会.
曾原利満 [1985],「低所得世帯と生活保護」,社会保障研究所編『福祉政策の基本問題』,東京大学出版会.
総務省 [1990-2007],『市町村別決算状況調』.
―――― [2000-2007],『地方財政白書』.
高林喜久生 [1991],「地方交付税の財政調整効果――キング尺度による分析」『広島大学経済論叢』,第15巻2号.
―――― [1999],「税収の地域間格差と税源配分」『総合税制研究』, No. 7, 財団法人納税協会連合会.
―――― [2000],「地方税収の地域間格差と税源配分――全国都市データによる分析」『総合税制研究』, No. 8, 財団法人納税協会連合会.
―――― [2001],「固定資産税の地域間格差――大阪府市町村データによる分析」『総合税制研究』, No. 9, 財団法人納税協会連合会.
―――― [2005],『地域間格差の財政分析』,有斐閣.
高山憲之 [1980],『不平等の経済分析』,東洋経済新報社.
滝本純生 [2008],「地域間格差の財政力格差の縮小について――地方税収の偏在の是正を中心として」『地方財政』, 2008年2月号, 地方財務協会.
竹本亨・高橋広雅・鈴木明宏「市町村合併による歳出効率化と地方交付税削減――合併に関する意思決定を考慮した政策シミュレーション」『経済研究』,第56巻4号, pp. 317-330.
田近栄治・油井雄二・佐藤主光 [2001a],「地方交付税の何が問題か」『税経通信』, 2001年9月, pp. 23-33.
―――― [2001b],「地方交付税の改革をどう進めるか」『税経通信』, 2001年10月, pp. 25-43.

橘木俊詔・跡田直澄 [1984],「租税・社会保障政策の再分配効果と水平的平等」『季刊現代経済』, pp. 41-54.
橘木俊詔・浦川邦夫 [2006]『日本の貧困研究』, 東京大学出版会.
田中悦一・水口憲人・見上崇洋・佐藤満編 [2005],『分権推進と自治の展望』, 日本評論社.
玉田桂子・大竹文雄 [2004],「生活保護制度は就労意欲を阻害しているのか:アメリカの公的扶助制度との比較」『日本経済研究』, 第 50 巻.
地方交付税制度研究会編 [2007],『平成 18 年度地方交付税制度解説』, 地方税務協会.
──── [2007],『平成 19 年度地方交付税のあらまし』, 地方財務協会.
地方自治協会 [1984],『市(町村)の規模、能力に応じた事務配分のあり方に関する調査報告書 (1)』.
地方自治百年史編集委員会 [1992],『地方自治百年史』, 第 1 巻-第 3 巻, 地方財務協会.
土居丈朗・中里透 [1998],「国債と地方債の持続可能性──地方財政対策の政治経済学」『フィナンシャル・レビュー』, 第 47 号, pp. 76-105.
土居丈朗 [2000],『地方財政の政治経済学』, 東洋経済新報社.
──── [2000],「地方交付税制度の問題点とその改革」『エコノミックス』, 東洋経済新報社, 2000 年 9 月, 第 3 号, pp. 70-79.
──── [2001],「地方債の起債許可制度の運用実態とその評価」, 金融調査研究会編『地方財政をめぐる諸問題』, pp. 115-138.
──── 編 [2004],『地方分権改革の経済学』, 日本評論社.
──── [2007],『地方債改革の経済分析』, 日本経済新聞出版社.
中井英雄 [1988],『現代財政負担の数量分析』, 有斐閣.
──── [2007],『地方財政学 公民連携の限界責任』, 有斐閣.
中川剛 [1990],『地方自治制度史』, 学陽書房.
長峯純一 [1999],『公共選択と地方分権』, 勁草書房.
並河信乃 [2002],『検証行政改革』, イマジン出版.
西川雅史 [2001],「市町村合併のメリット (1)」『郵政研究月報』, 2001 年 2 月, pp. 48-56.
──── [2002],「市町村合併の政策評価──最適都市規模・合併協議会の設置確率」『日本経済研究』, pp. 61-79.
西尾勝 [1990],『行政学の基礎概念』, 東京大学出版会.
──── [1999],『未完の分権改革』, 岩波書店.
──── 編 [1996],『分権改革──その特質と課題』, ぎょうせい.
──── 編 [1998],『新地方自治法講座 12 地方分権と地方自治』, ぎょうせい.
西堀喜久雄 [1996],『大震災とコミュニティ・ボランティア・自治』, 自治体研究社.
能勢哲也 [1982],『財政の計量分析』, 創文社.
橋本恭之・上村敏之 [1997],「村山税制改革と消費税複数税率化の評価:一般均衡モデルによるシミュレーション」『日本経済研究』, 第 34 号, pp. 35-60.
──── [1997],「税制改革の再分配効果:個票データによる村山税制改革の分析」『経

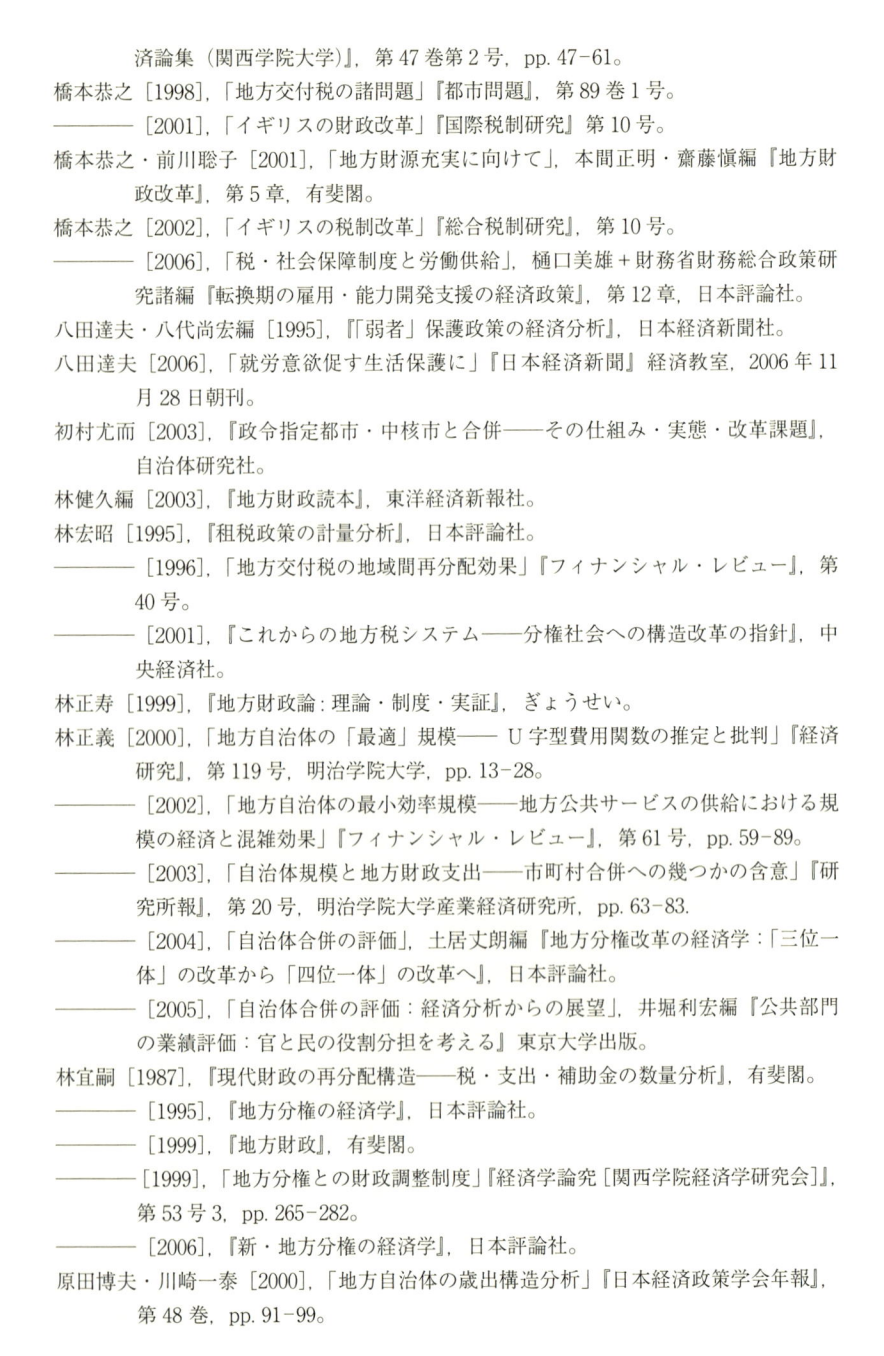

済論集（関西学院大学）』，第 47 巻第 2 号，pp. 47-61。
橋本恭之 [1998]，「地方交付税の諸問題」『都市問題』，第 89 巻 1 号。
―――― [2001]，「イギリスの財政改革」『国際税制研究』第 10 号。
橋本恭之・前川聡子 [2001]，「地方財源充実に向けて」，本間正明・齋藤愼編『地方財政改革』，第 5 章，有斐閣。
橋本恭之 [2002]，「イギリスの税制改革」『総合税制研究』，第 10 号。
―――― [2006]，「税・社会保障制度と労働供給」，樋口美雄＋財務省財務総合政策研究諸編『転換期の雇用・能力開発支援の経済政策』，第 12 章，日本評論社。
八田達夫・八代尚宏編 [1995]，『「弱者」保護政策の経済分析』，日本経済新聞社。
八田達夫 [2006]，「就労意欲促す生活保護に」『日本経済新聞』経済教室，2006 年 11 月 28 日朝刊。
初村尤而 [2003]，『政令指定都市・中核市と合併――その仕組み・実態・改革課題』，自治体研究社。
林健久編 [2003]，『地方財政読本』，東洋経済新報社。
林宏昭 [1995]，『租税政策の計量分析』，日本評論社。
―――― [1996]，「地方交付税の地域間再分配効果」『フィナンシャル・レビュー』，第 40 号。
―――― [2001]，『これからの地方税システム――分権社会への構造改革の指針』，中央経済社。
林正寿 [1999]，『地方財政論：理論・制度・実証』，ぎょうせい。
林正義 [2000]，「地方自治体の「最適」規模―― U 字型費用関数の推定と批判」『経済研究』，第 119 号，明治学院大学，pp. 13-28。
―――― [2002]，「地方自治体の最小効率規模――地方公共サービスの供給における規模の経済と混雑効果」『フィナンシャル・レビュー』，第 61 号，pp. 59-89。
―――― [2003]，「自治体規模と地方財政支出――市町村合併への幾つかの含意」『研究所報』，第 20 号，明治学院大学産業経済研究所，pp. 63-83。
―――― [2004]，「自治体合併の評価」，土居丈朗編『地方分権改革の経済学：「三位一体」の改革から「四位一体」の改革へ』，日本評論社。
―――― [2005]，「自治体合併の評価：経済分析からの展望」，井堀利宏編『公共部門の業績評価：官と民の役割分担を考える』東京大学出版。
林宜嗣 [1987]，『現代財政の再分配構造――税・支出・補助金の数量分析』，有斐閣。
―――― [1995]，『地方分権の経済学』，日本評論社。
―――― [1999]，『地方財政』，有斐閣。
―――― [1999]，「地方分権との財政調整制度」『経済学論究 [関西学院経済学研究会]』，第 53 号 3，pp. 265-282。
―――― [2006]，『新・地方分権の経済学』，日本評論社。
原田博夫・川崎一泰 [2000]，「地方自治体の歳出構造分析」『日本経済政策学会年報』，第 48 巻，pp. 91-99。

原田尚彦［2005］,『地方自治の法としくみ』, 学陽書房。
PHP総合研究所［2002］,『地域主権の確立に向けた7つの挑戦：日本再編計画』。
星野信也［1973］,「英米における貧困対策：ニガティブな所得税の提案」『季刊社会保障研究』, 第8巻第4号。
本間正明［1986］,『地方交付税の経済分析——国と地方の財政関係の研究報告書』, 関西経済研究センター。
――――［1991］,『日本財政の数量分析』, 創文社。
本間正明・齊藤愼［2001］,『地方財政改革——ニュー・パブリック・マネジメント手法の適用』, 有斐閣。
松浦克己・コリン・マッケンジー［2001］,『EViewsによる計量経済分析——実践的活用法と日本経済の実証分析』, 東洋経済新報社。
――――［2005］,『EViewsによる計量経済学入門』, 東洋経済新報社。
松原聡［1991］,『民営化と規制緩和——転換期の公共政策』, 日本評論社。
――――［2002］,『なぜ日本だけが変われないのか——ポスト改造改革の政治経済学』, ダイヤモンド社。
――――［2004］,『人口減少時代の政策科学　現代経済の課題』, 岩波書店。
松下圭一［1999］,『日本の自治・分権』, 岩波書店。
松下圭一・西尾勝・新藤宗幸編［2002］,『自治体の構想1 課題』, 岩波書店。
宮崎毅［2005］,「地方自治体の歳出構造と市町村合併：合併特例法と関連して」, Hi_Stat Discussion Paper Series, No .107。
――――［2006］,「効率的自治体による法定合併協議会の設置—— 1999年合併特例法と関連して」『日本経済研究』, No. 54。
村上雅子［1984］,『社会保障の経済学』, 東洋経済新報社。
村上博・自治体問題研究所編［1999］,『広域連合と一部事務組合——広域行政でどうなる市町村』, 自治体研究所。
森信茂樹［2007］,「是正は個人の能力向上で：ブレア政策に倣え　給付付き税額控除を軸に」『日本経済新聞』, 経済教室, 2007年1月24日朝刊。
八代尚宏・伊藤由樹子［1995］,「高齢者保護政策の経済的帰結」, 八田達夫・八代尚宏編『「弱者」保護政策の経済分析』, 日本経済新聞社。
横道清孝・村上靖［1993a］,「市町村合併の実証的分析（一）」,『自治研究』, 619号　第7号, 第一法規, pp. 65-85。
――――［1993b］,「市町村合併の実証的分析（二）」『自治研究』, 619号　第6号, 第一法規, pp. 67-85。
横道清孝・沖野浩之［1993c］,「財政手効率性からみた市町村合併」『自治研究』, 712号　第11号, 第一法規, pp. 69-87。
横道清孝［1997］,「財政的効率性の観点からみた市町村合併」『月刊自治フォーラム』, 3月号, Vol. 450, pp. 24-31。
――――［1998］,「これからの市町村合併」『地方自治』, 11月号, 611号, pp. 2-10。

―――― [2003], 「市町村合併の必要性」『自治研究』, 719 号 第 9 号, 第一法規, pp. 3-21。

吉村弘 [1999], 『最適都市規模と市町村合併』, 東洋経済新報社。

山田篤裕 [2000], 「社会保障制度の安全網と高齢者の経済的地位」, 国立社会保障・人口問題研究所編『家族・世帯の変容と生活保障機能』, 東京大学出版会。

吉田和男 [1991], 『地方分権のための地方財政改革』, 有斐閣。

和田有美子・木村光彦 [1998], 「戦後日本の貧困：低消費世帯の計測」『季刊社会保障研究』, 第 34 巻第 1 号。

執筆者紹介

齊藤　由里恵（さいとう　ゆりえ）

専　門	財政学・地方財政論
1981 年	福島県郡山市生まれ
2004 年	東洋大学経済学部卒業
2006 年	東洋大学大学院経済学研究科博士前期課程修了
2009 年	東洋大学大学院経済学研究科博士後期課程修了　博士（経済学）
現　在	徳山大学経済学部専任講師

自治体間格差の経済分析

2010 年 2 月 15 日　初版第一刷発行

著　　者	齊藤由里恵
発 行 者	宮原浩二郎
発 行 所	関西学院大学出版会
所 在 地	〒662-0891　兵庫県西宮市上ケ原一番町 1-155
電　　話	0798-53-7002
印　　刷	協和印刷株式会社

©2010 Yurie Saitoh
Printed in Japan by Kwansei Gakuin University Press
ISBN 978-4-86283-053-1
乱丁・落丁本はお取り替えいたします。
本書の全部または一部を無断で複写・複製することを禁じます。
http://www.kwansei.ac.jp/press